Schriften des deutschen Vereins

für

Armenpflege und Wohlthätigkeit.

Achtunddreißigstes Heft.

Die wechselseitige Unterstützung von Reichsangehörigen in den einzelnen Bundesstaaten. Von W. Fleischmann und H. Ruland.

Leipzig,
Verlag von Duncker & Humblot.
1898.

Die wechselseitige Unterstützung

von

Reichsangehörigen

in den einzelnen Bundesstaaten.

Von

W. Fleischmann, und **Dr. H. Ruland,**
Ratsassessor in Nürnberg.   Rechtsanwalt in Colmar i. E.

Leipzig,
Verlag von Duncker & Humblot.
1898.

Alle Rechte vorbehalten.

Vorwort.

Auf dem Gebiete des Armenwesens hat das Deutsche Reich bei seiner Gründung den bestehenden Rechtszustand übernommen, wie es ihn vorfand. Für den Norddeutschen Bund war kurz vorher das auf dem preußischen Armengesetze vom Jahre 1842 aufgebaute Gesetz über den Unterstützungswohnsitz geschaffen worden. Dieses auf dem Boden voller Freizügigkeit stehende und dem modernen Verkehre volle Rechnung tragende Gesetz wurde Reichsgesetz, seine Giltigkeit jedoch erreichte gerade die Gebiete nicht, welche vorher schon eine andere Armengesetzgebung hatten. Bayern hielt an seinem durch das Heimats- und Armengesetz vom Jahre 1869 neugeschaffenen Rechte fest, und die dem Reiche wiedergewonnenen Lande Elsaß und Lothringen blieben auf das französische, von der Revolutionszeit herstammende Recht angewiesen. Die Reichsverfassung, welche für das ganze Reich zwar ein gemeinsames Indigenat schuf, konnte diesen Dreirechtezustand nicht beseitigen; sie mußte ihn vielmehr bestätigen und konnte als Wirkung des deutschen Indigenats die Gleichberechtigung aller Deutschen in Bezug auf Armenunterstützung nicht festsetzen. Es dauerte sogar noch einige Zeit, bis die Reichslande den unter den anderen Staaten bestehenden armenrechtlichen Verträgen beitraten, womit dann wenigstens eine gewisse Rechtseinheit und Gleichberechtigung geschaffen war. An dem Zustande jedoch, daß im Gebiete jedes der drei Systeme jeder einem anderen Gebiete angehörende Deutsche noch als „Ausländer" gilt, ist bis heute nichts geändert worden. Zwar haben auf allen drei Gebieten die Gesetzgebungen teilweise Neuerungen gebracht, aber die Systeme sind im wesentlichen die alten geblieben. Nur in Bayern ist in neuester Zeit eine bedeutsame Wandlung vor sich gegangen; die Novelle zum Heimatgesetze vom Jahre 1896 hat die Axt an die Wurzel des Heimatrechtes gelegt.

So muß also im Reiche heute noch mit drei grundsätzlich verschiedenen Armenrechtssystemen gerechnet werden, und jedes derselben hat seine Anhänger und Verteidiger, und jedes will das richtigste und beste sein.

Fürwahr, ein edler Wettstreit!

Unleugbar hat ja das Armenwesen im laufenden Jahrhundert Fortschritte gemacht, welche die „gute" alte Zeit nicht ahnen konnte, welche vor der Verkündung der „Menschenrechte" überhaupt unmöglich waren, Fortschritte, welche in ihrem tiefsten Wesen sich auf den Trieb nach Erhaltung der Art gründen, also naturgemäß eintraten, welche aber doch erst als Produkt verschiedener Faktoren in die Erscheinung treten konnten. Der Trieb nach Erhaltung der Art mußte durch die fortschreitende Vertiefung und Anerkennung der Heilkunde zum Bewußtsein erweckt werden, der Wert und die Existenzberechtigung des einzelnen Individuums mußte zur Erkenntnis gelangen, und der wachsende Verkehr die Menschen einander näher bringen, dann erst konnte die Humanität resultieren.

Um aus der Nacht des Altertums und des Mittelalters zum Lichte der Humanität zu gelangen, bedurfte es freilich eines gewaltigen Ringens, und blutigrot leuchtet die Morgensonne dieses Kampfes um die Menschlichkeit aus dem Ende des verflossenen Jahrhunderts noch in unsere heutigen Tage herein. Aber die Erkenntnis hat gesiegt. Das heiße Toben ist einer ruhigen, friedsamen Entwickelung gewichen, und wir stehen heute auf dem Boden voller Freiheit und Gleichberechtigung der Individuen. Es ist nicht bloß der gesetzliche Zwang, welcher diese anerkennt und vorschreibt, daß die Allgemeinheit dem einzelnen Bedürftigen helfe, sondern es ist die wahre Erkenntnis derselben; das Gesetz als Ausdruck des allgemeinen Denkens und Wollens wäre ohne sie unmöglich entstanden. Und bei allen Verschiedenheiten und Mängeln der Armenpflege ist auch thatsächlich die Humanität überall der Grundton.

War einmal dieser Grundton gefunden, so war seine Fortentwickelung nicht schwer, und wenn diese auch eine ganz verschiedene war, so mußten die entstehenden Unterschiede doch mit der Zeit vermöge des Verkehrs weichen.

Die im Reiche heute vorhandene Dreiteilung des Armenrechts beruht auf der geschichtlichen Entwickelung des Reiches. Diese Dreiteilung ist auch der folgenden Darstellung zu Grunde gelegt. Wenn in derselben, welche, um dem gestellten Thema gerecht zu werden, eine Schilderung der einzelnen Rechtszustände nicht missen kann, der bayerischen Gesetzgebung ein etwas breiterer Raum gewährt wurde, so hat das seinen Grund in einem dem Verfasser besonders geäußerten Wunsche, über die bayrischen Verhältnisse, welche, insbesondere die seit 1896 bestehenden, in den Kreisen des die Schrift veranlassenden Vereins weniger geläufig sind, etwas eingehender unterrichtet zu werden. Deshalb wurde auch dem Rechte Bayerns und seinem Verhältnisse zu den übrigen Bundesstaaten der erste Platz in der Abhandlung eingeräumt.

Inhaltsverzeichnis.

		Seite
I.	Das Gebiet des bayerischen „Heimatrechtes". Von Ratsassessor W. Fleischmann in Nürnberg	1
II.	Das Gebiet des „Unterstützungswohnsitzes". Von Ratsassessor W. Fleischmann in Nürnberg	21
III.	Das Rechtsgebiet Elsaß-Lothringen. Von Rechtsanwalt und Mitglied des Armenrates Dr. H. Ruland in Colmar i. E.	55

I.

Das Gebiet des bayerischen Heimatrechtes.

Von

W. Fleischmann,
Ratsassessor in Nürnberg.

A. Das bayerische Heimatrecht.

Seit 16. April 1868 besteht für Bayern das Heimatgesetz, oder vollständig: „Gesetz über Heimat, Verehelichung und Aufenthalt", welches gegenüber seiner ursprünglichen Gestalt durch die Novellen von 1872, 1884 und neuestens 1896 mehrfache Veränderungen erfahren hat. Die letzte der Änderungen wird als die einschneidendste zu bezeichnen sein. Wenngleich sie das Wesen und den Begriff des Heimatrechtes nicht berühren wollte, so hat sie doch gründlich daran gerüttelt.

Der früher mit der Heimat verbunden gewesene Begriff der engen Verbindung des Menschen mit der Scholle, auf welcher er geboren ist und mit welcher er auf Lebenszeit untrennbar verwachsen sein sollte, ist völlig verschwunden. Das hat aber nicht allein die Gesetzgebung, sondern die Entwicklung der Verkehrsverhältnisse, welcher die Gesetzgebung folgen mußte, in weit höherem Grade verursacht, und zwar insbesondere der gegen die alte Zeit ungleich rascher pulsierende Verkehr mit seiner Umwandlung der ursprünglich seßhaften Bevölkerung in eine mehr fluktuierende, wandernde, und Hand in Hand damit der mächtige Fortschritt der Industrie mit seinen gewaltigen Umwälzungen auf dem Gebiete des Verkehrs und der socialen Lage.

Der jetzige Begriff der Heimat entbehrt völlig seines ursprünglichen, idealen und intimen Charakters und ist zum politischen, zum socialen Rechtsbegriff geworden. Vor dem Gesetze kann freilich jener alte Begriff eine besondere Bedeutung überhaupt nicht haben, allein der Grundgedanke der bayerischen Gesetzgebung ist, bezw. wollte eben doch jener alte, auf der Untrennbarkeit von Mann und Scholle fußende Begriff sein.

Die gesetzliche Bedeutung des Begriffes Heimat ergiebt sich aus Artikel 13 des Heimatgesetzes, welcher lautet:

Die Heimat in einer Gemeinde gewährt
a) das Recht, in dem Gemeindebezirke sich aufzuhalten;
b) für den Fall eintretender Hilfsbedürftigkeit Anspruch auf Unterstützung durch die Gemeinde nach Maßgabe des Gesetzes über die Armenpflege.

Mit diesen Rechten ist der Begriff der Heimat nach dem Gesetze erschöpft, sodaß als Inbegriff des Heimatrechtes bezeichnet werden kann:

Aufenthaltsrecht und Unterstützungsrecht.

Nach dem Gesetze muß jeder Bayer eine Heimat haben. Ist die Heimat zweifelhaft, strittig oder unbekannt, so muß dieselbe durch die jeweils zuständige Behörde von Amtswegen festgestellt werden.

Das Gesetz unterscheidet zwischen einer **ursprünglichen, erworbenen** und **angewiesenen Heimat.** —

Die **ursprüngliche** Heimat wird ausschließlich durch den Familienverband begründet, die Ehefrau folgt dem Manne, eheliche und diesen gleichzuachtende (legitimierte, adoptierte ɔc.) Kinder folgen dem Vater, außereheliche der Mutter.

Erworben wird die Heimat durch Anstellung im öffentlichen Dienste, dann durch Verehelichung, in welchem Falle es sich aber nur um eine im allgemeinen bedeutungslose Umwandlung der ursprünglichen in die selbständige Heimat handelt, in diesen beiden Fällen kraft des Gesetzes, endlich durch Verleihung durch eine Gemeinde, sei es im Wege der Vereinbarung (Art. 8 des Heimatgesetzes) oder auf Grund erhobenen gesetzlichen Anspruches.

Diejenigen Männer, welche auf die Ehe verzichten, sowie Frauenspersonen, welche ledig bleiben, besitzen ihr ganzes Leben hindurch, wenn sie nicht eine neue Heimat erwerben oder ihre Heimat verlieren, ihre ursprüngliche Heimat, während dieselbe für den Mann, welcher in den Ehestand tritt, damit, bezw. mit Entrichtung der in diesem Falle von der Gemeinde geforderten Gebühr zur selbständigen Heimat wird[1].

Ob die Heimat eine ursprüngliche oder erworbene ist, das begründet in Bezug auf die Wirkung der Heimat keinerlei Unterschied, und derjenige, welchem in einer Gemeinde eine vorläufige Heimat angewiesen wird, hat dort, was seine Person anlangt, die gleichen Rechte aus der Heimat zu beanspruchen wie der endgültig Beheimatete. Ein Unterschied besteht nur insoferne, als in den beiden ersteren Fällen die Armenlast von der Heimatgemeinde definitiv getragen wird, während bezüglich der vorläufig beheimateten Personen die gemeindlichen Aufwendungen von der etwa nachträglich ermittelten Heimatgemeinde oder aber von der Staatskasse ersetzt werden.

Unter der Voraussetzung der Erwerbung der Staatsangehörigkeit stehen Bayern und Nichtbayern gemäß Artikel 9 des Heimatgesetzes in Bezug auf den Erwerb einer Heimat vollständig gleich. Derjenige Nichtbayer jedoch, welcher **vor** Erwerbung der bayerischen Staatsangehörigkeit die Heimat beansprucht, hat, soferne er nicht 7 Jahre lang als Lohnarbeiter (Artikel 11

---

[1] In Bayern besteht demnach so ziemlich das Gegenteil von einer Junggesellensteuer.

Absatz IV des Gesetzes) in der Gemeinde thätig war, die festgesetzten, nach Größe der Gemeinde abgestuften Heimatgebühren zu bezahlen, während derjenige, welcher auf Ansuchen die Aufnahme in den bayerischen Staatsverband ohne vorherigen Erwerb einer Heimat erlangt hat, mit dieser Aufnahme die vorläufige Heimat in der Gemeinde seiner Niederlassung erwirbt, und dann, wenn er 4 bezw. 7 Jahre in der Gemeinde gewohnt und den sonstigen Bedingungen des Gesetzes (Artikel 10) genügt hat, die selbständige Heimat daselbst kraft des Gesetzes besitzt, ohne eine Gebühr an die Gemeinde entrichten zu müssen. Nur dann — und das ist für die Armenpflege nicht unwichtig —, wenn der auf dem Heimatrechte beruhende Genuß an den örtlichen Stiftungen und Gemeindenutzungen von diesen Personen beansprucht wird, können die Gemeinden diesen Genuß[1] von der Entrichtung der Heimatgebühr abhängig machen.

Es ist also möglich, daß die Gemeinden von solchen Personen, welche es vorziehen, sich an eine Stiftung zu wenden, anstatt an die Armenpflege, letztere also entlasten, eine Gebühr erheben, eine Gebühr, welche sonst als Gegenleistung für die aus der Heimat entspringenden Rechte angesehen zu werden pflegt.

Im übrigen wird hinsichtlich der Heimatgesetzgebung hier auf die zutreffenden Darlegungen im 26. Heft der Schriften des Deutschen Vereins für Armenpflege und Wohlthätigkeit verwiesen[2]. Nur auf die neueste Änderung des Gesetzes durch die Novelle vom 17. Juni 1896 ist noch mit einigen Worten einzugehen, da Hand in Hand mit dieser Novelle eine wichtige Änderung des Armengesetzes ging[3].

Nach dieser Novelle sind nunmehr, im Gegensatze zum bisherigen Rechte, welches den Heimaterwerb nur kraft des Gesetzes oder durch Verleihung nach Vereinbarung oder aber auf Grund erhobenen Anspruches des Berechtigten kannte, nicht bloß einzelne Personen, sondern auch deren bisherige Heimatgemeinden berechtigt, dann, wenn gemäß Artikel 6 oder 7 ein Heimatanspruch besteht, diesen Anspruch geltend zu machen, und zwar auch gegen den Willen der Berechtigten, es sei denn, daß denselben durch die Heimatänderung ein erheblicher Nachteil zuginge, weßfalls sie durch rechtzeitigen Einspruch eine Heimatänderung hintanhalten können. Nebstdem hat die Zeit für die Ersitzung der Heimatansprüche eine bedeutende Kürzung erfahren, von 10 auf 7 und von 5 auf 4 Jahre.

Von großer Wichtigkeit ist die Bestimmung, daß ein Heimatanspruch durch Verlangen oder Empfangen einer Armenunterstützung nicht mehr ohne

---

[1] Nicht die Heimat!

[2] Ein kleiner Irrtum hat sich dort auf Seite 11 lit. γ eingeschlichen. Nicht bloß für „unterstützungsbedürftige" Personen kommt die angewiesene Heimat in Frage, sondern gemäß Artikel 15 des Gesetzes für alle in Bayern betretenen Personen, deren Heimat nicht ermittelt werden kann und welche nicht ausgewiesen werden können.

[3] Wenn Dr. Ruland S. 10 von „Verbesserungen" durch die verschiedenen Novellen spricht, so urteilt er wohl so als Anhänger des Unterstützungswohnsitzgesetzes, welchem es als Fortschritt erscheint, wenn das bayerische Gesetz sich diesem mehr nähert und damit einen Fortschritt in Bezug auf die Rechtseinheit macht. In Bayern selbst sind die Meinungen über den Wert gerade der letzten Novelle, insbesondere zwischen den größeren und kleineren Gemeinden, sehr geteilt.

weiteres zu Verlust geht, wie dies nach dem früheren Gesetze der Fall war. Es genügt für den Anspruch, daß eine Zeit von 7 bezw. 4 Jahren frei von Unterstützungsanspruch und Unterstützungsempfang war.

Eine wesentliche Änderung betrifft sodann das Armengesetz. Eine früher in geringerem Umfange schon vorhanden gewesene Ausnahme von der Bestimmung, daß die Unterstützungspflicht nur die Heimatgemeinde trifft, wurde dahin erweitert, daß die Aufenthaltsgemeinde dann für gewährte Unterstützung einen Ersatz nicht beanspruchen kann, wenn die Unterstützung nicht länger als 4 Wochen gereicht wurde und der zu Unterstützende in der Gemeinde sich unmittelbar vor Eintritt der Unterstützungsbedürftigkeit mindestens 6 Monate lang freiwillig und ununterbrochen aufgehalten hat.

Es würde zu weit führen, über die entscheidende Bedeutung und Tragweite dieser Neuerungen hier weiteres auszuführen. Ohne Zweifel aber bedeuten dieselben eine wesentliche Annäherung an das Unterstützungswohnsitzgesetz. Mit dem strengen alten Princip der Heimat ist vollständig gebrochen worden, wenngleich grundsätzlich daran festgehalten ist, daß die einmal bestehende Heimat für immer bleibt, soferne nicht eine andere Heimat erworben, oder die bayerische Staatsangehörigkeit und mit ihr die Heimat verloren wird.

Das bisher Gesagte trifft für den ganzen Umfang des Königreichs Bayern zu. Hinsichtlich des Heimaterwerbs dagegen bestehen für die Rheinpfalz Sonderbestimmungen.

Es kann nämlich jeder selbständige und volljährige Pfälzer, das ist derjenige, welcher Bayer und in einer rheinpfälzischen Gemeinde beheimatet ist, in jeder pfälzischen Gemeinde, in welcher er sich niedergelassen, d. h. dauernden Aufenthalt genommen hat, durch eine einfache schriftliche oder mündliche Erklärung bei dem Bürgermeisteramte und Entrichtung der etwa eingeführten Heimatgebühren die Heimat erwerben. Hat der Zugezogene binnen Jahresfrist von diesem Heimaterwerb an öffentliche Armenunterstützung beansprucht oder erhalten, so kann der Gemeinderat die Wiederaufhebung dieses Heimatrechts beschließen. Nach Rechtskraft dieses Beschlusses ist die Heimatgebühr, abzüglich der gewährten Unterstützungen, zurückzuzahlen, und die alte Heimat tritt wieder in Wirksamkeit.

Neben diesem Rechte besteht jedoch die Möglichkeit eines Heimaterwerbs durch vier- bezw. siebenjährigen Aufenthalt in der Pfalz ebenso wie im diesseitigen Bayern.

Daß die Frage der Heimatgebühren für die Pfalz gegenüber dem rechtsrheinischen Bayern grundverschieden geregelt ist, mag hier nur nebenbei erwähnt sein.

B. Das bayerische Armenrecht.

Der Rechtsnormen, welche für die Unterstützung Hilfsbedürftiger in Bayern gelten, sind nicht viele. Das diesbezügliche Ergänzungsgesetz zum Heimatgesetze ist das am 29. April 1869 erlassene Gesetz über die öffentliche Armen- und Krankenpflege. Dasselbe umfaßt und regelt das gesamte Gebiet der Armen- und Krankenpflege nach der formellen und materiellen Seite. Es findet Anwendung auf alle Unterstützungsbedürftige, seien diese Bayern oder Nichtbayern, soweit sie in Bayern unterstützt werden müssen. Auch das Armengesetz, wie es schlechtweg genannt wird, hat seit seinem Bestehen Veränderungen erfahren. Dieselben haben jedoch die ursprünglichen und erprobten Grundsätze der Armenpflege selbst nicht berührt.

Die Grundzüge des bayerischen Armenrechts nun sind folgende:

Aufgabe der öffentlichen Armenpflege ist es:
1. Hilfsbedürftige Personen zu unterstützen;
2. der Verarmung entgegenzuwirken.

In dieser grundlegenden Bestimmung ist eine Ausscheidung dahin, daß etwa nur Bayern zu unterstützen sind, nicht getroffen, vielmehr begreift die Unterstützungspflicht der bayerischen Armenpflege auch die Unterstützung von Nichtbayern in sich, sofern dieselben hilfsbedürftig sind.

Die öffentliche Armenpflege liegt grundsätzlich den politischen Gemeinden in erster, den Distrikts- und Kreisgemeinden in zweiter und dritter Linie ob, soweit nicht nach den bestehenden Gesetzen der Staat sich zu beteiligen hat.

Die Distriktsarmenpflege umfaßt:
1. die Unterstützung der mit Armenlasten überbürdeten Gemeinden des Distrikts;
2. die Unterhaltung der bestehenden Distriktswohlthätigkeits- und Krankenanstalten;
3. die Ansammlung und allmähliche Vermehrung eines besonderen Distriktsarmenfonds;
4. die Errichtung von Distriktsarmenhäusern, Beschäftigungsanstalten, Armenkolonien und Krankenhäusern, sowie von Distriktsanstalten zur Erziehung armer verwahrloster Kinder;
5. die Gründung von Spar- und Vorschußkassen und ähnlichen Anstalten.

Als mit Armenlasten überbürdet (Ziff. 1) ist eine Gemeinde dann zu erachten, wenn der durch Umlagen aufzubringende Zuschuß aus der Gemeindekasse zur Bestreitung des Bedarfs der Armenpflege (Art. 18 Abs. 2) im Zusammenhalte mit den für die sonstigen Gemeindebedürfnisse zu erhebenden Umlagen eine Höhe erreicht, daß hierdurch der Nahrungsstand eines erheblichen Teiles der Umlagepflichtigen gefährdet wird.

Die Hälfte des Aufwandes, welcher den Distriktsgemeinden für die Unterstützung der mit Armenlasten überbürdeten Gemeinden des Distriktes jährlich erwächst, ist von der Kreisgemeinde den Distriktsgemeinden aus Kreismitteln zu ersetzen.

Die Mittel zur Deckung des Bedarfs der Distriktsarmenpflege sind zu schöpfen:
1. aus den Nutzungen des Distriktsarmenfonds;
2. aus den auf Gesetz oder besonderen Rechtstiteln beruhenden Leistungen des Staates, des Kreises, einzelner Stiftungen, Genossenschaften, Gemeinden oder anderer — juristischer oder physischer — Personen;
3. aus den freiwilligen Zuschüssen des Staates oder des Kreises, aus Beiträgen von Gemeinden oder Privaten, welchen eine distriktive Einrichtung besonderen Vorteil gewährt, endlich aus sonstigen außerordentlichen Einnahmen.

Reichen alle diese Mittel nicht aus, so ist der noch ungedeckte Bedarf durch die Distriktsgemeinde aufzubringen.

Die **Kreisarmenpflege** umfaßt alle auf die öffentliche Armenpflege bezüglichen Leistungen, welche den Kreisgemeinden auf Grund gesetzmäßiger Beschlüsse ihrer Vertreter oder auf Grund besonderer gesetzlicher Bestimmungen obliegen, namentlich die Unterhaltung und Begründung von Wohlthätigkeitsanstalten, Armenkolonien, Irrenhäusern und anderen Sanitätsanstalten, und die Unterstützung der mit Armenlasten überbürdeten Distriktsgemeinden.

Die Deckung des Bedarfes der Kreisarmenpflege ist durch das Landratsgesetz vom 28. Mai 1852 geregelt. Ein näheres Eingehen auf diese Bestimmungen erscheint hier nicht veranlaßt.

Der Schwerpunkt der eigentlichen Armenpflege liegt bei den Gemeinden.

Grundsatz ist, daß die Armenpflege nur bei erwiesener Hilfsbedürftigkeit, d. h. wenn erwiesen ist, daß eine Person wegen Mangels eigener Mittel und Kräfte oder infolge eines besonderen Notstandes sich das zur Erhaltung des Lebens oder der Gesundheit Unentbehrliche nicht zu verschaffen vermag, und nur dann einzutreten hat, wenn der Bedürftige weder von den zu seiner Alimentation oder Unterstützung rechtlich Verpflichteten, noch durch die freiwillige Armenpflege die nötige Hilfe erlangen kann.

Damit ist der Armenpflege, die Hilfe in Notfällen ausgenommen, übereinstimmend mit den auch anderwärts anerkannten Grundsätzen, eine vollständig subsidiäre Stellung angewiesen. Sind aber die Voraussetzungen, unter welchen sie einzutreten hat, gegeben, so besteht einerseits eine **Unterstützungspflicht**, anderseits ein mit dem Rechte der verwaltungsrechtlichen Klagbarkeit ausgestatteter **Unterstützungsanspruch**. Außerdem ist den Verwaltungsbehörden ein Aufsichtsrecht über die gemeindliche Armenpflege eingeräumt (Artikel 42), sodaß dem Unterstützungsbedürftigen der weitestgehende gesetzliche Schutz gesichert ist.

Zunächst erstreckt sich die Unterstützungspflicht der Gemeinde nur auf die in ihr heimatberechtigten Personen und nur auf solche, deren Unterstützung nicht gesetzlich der Staats= oder einer andern Kasse obliegt. Unter diesen und den Voraussetzungen der Hilfsbedürftigkeit, sowie des Mangels unterstützungspflichtiger Privatpersonen ist es im einzelnen Aufgabe der Armenpflege[1]:

1. den ganz oder teilweise arbeitsunfähigen Personen die zur Erhaltung des Lebens unentbehrliche Nahrung, Kleidung, Wohnung, Heizung und Pflege zu gewähren;
2. Kranken die erforderliche ärztliche Hilfe nebst Pflege und Heilmitteln zu verschaffen und insbesondere Geisteskranke, welche der notwendigen Aufsicht und Pflege entbehren, in einer Irrenanstalt unterzubringen;
3. für die einfache Beerdigung verstorbener mittelloser Personen zu sorgen, wobei jedoch eine Verpflichtung zur Bezahlung von Stolgebühren nicht besteht;

---

[1] Diejenigen Bestimmungen, welche nur für Bayern bezw. das gegenseitige Verhältnis bayerischer Gemeinden in Bezug auf die Armenpflege und Ersatzansprüche untereinander Bedeutung haben, sind hier nicht aufgeführt.

4. armen Kindern die erforderliche Erziehung und Ausbildung zu verschaffen [1].

Arbeitsfähige Personen haben keinen Anspruch auf öffentliche Armenunterstützung, die Armenpflege hat jedoch auch solchen Personen in Fällen bringender Not die im Interesse der öffentlichen Sicherheit oder Sittlichkeit augenblicklich unentbehrliche Hilfe zu gewähren.

Außerdem ist jede Gemeinde verbunden:
1. den im Gemeindebezirke befindlichen Hilfsbedürftigen, deren Heimat unbekannt oder bestritten ist oder deren Unterstützung von der verpflichteten Gemeinde oder öffentlichen Kasse verweigert wird, die notwendige Hilfe nach Maßgabe des Art. 10 Abs. 2 Ziff. 1, 2 u. 4, dann Abs. III so lange angedeihen zu lassen, bis die Heimat oder die Unterstützungspflicht amtlich festgestellt ist;
2. sonstigen Fremden, welche während ihres Aufenthaltes in der Gemeinde der öffentlichen Hilfe bedürfen, die unentbehrlichen Reisemittel oder die erforderliche unverschiebliche Unterstützung nach Maßgabe des Art. 10 Abs. 2 Ziff. 1 u. 2, dann Abs. III zu gewähren;
3. für einfache Beerdigung der im Gemeindebezirke verstorbenen mittellosen Fremden und aufgefundenen Leichen zu sorgen, wobei jedoch eine Verpflichtung zur Bezahlung von Stolgebühren nicht besteht.

Die Zulässigkeit eines Ersatzanspruches gegen Gemeinden oder öffentliche Kassen des Auslandes bemißt sich nach den hierüber bestehenden Staatsverträgen [2].

Ist durch letztere der Ersatzanspruch ausgeschlossen, oder bleibt dessen Geltendmachung ohne Erfolg, so ist die hilfeleistende Gemeinde berechtigt, den nach Artikel 11 oder 13 begründeten Anspruch gegen die bayerische Staatskasse geltend zu machen.

Wenn ein Ersatzanspruch hier überhaupt zulässig ist, so ist dieser auf die ganze Höhe der gemachten Aufwendungen zulässig und nicht, wie im Verhältnis bayerischer Gemeinden zu einander, zum Teil beschränkt.

Ausland im Sinne dieser Bestimmungen ist alles nicht bayerische Gebiet.

Soweit Ersatzansprüche zulässig sind, steht es den Gemeinden frei, dieselben in erster Linie gegenüber anderen Gemeinden oder Kassen geltend zu machen, anstatt sich an die civilrechtlich Verpflichteten zu halten; erlangt eine Gemeinde so Befriedigung, so geht der gegen die letzteren Personen bestehende Anspruch auf die in Anspruch genommenen Kassen über.

Nach Artikel 17 des Gesetzes sind die Gemeinden verpflichtet, die für die örtliche Armenpflege unerläßlichen Einrichtungen zu treffen.

Es ist gestattet, daß zwei oder mehrere benachbarte Gemeinden nach

---

[1] Art. 10 des Gesetzes.
[2] Der Vollständigkeit und Möglichkeit der Vergleichung halber sind die in Frage kommenden Staatsverträge, soweit sie das Verhältnis zwischen Bayern und dem Reichsausland, bezw. dem Deutschen Reiche und ausländischen Staaten betreffen, sowie die wichtige Eisenacher Konvention und der Gothaer Vertrag im Anhang vollständig abgedruckt.

freier Übereinkunft zu gemeinsamer Herstellung dieser Einrichtungen sich verbinden.

Die Gemeinden sind befugt, die Unterstützung, Beschäftigung und Erziehung hilfsbedürftiger, sowie die Verpflegung kranker Personen im Wege freiwilligen Übereinkommens an andere Armenpflegen, Wohlthätigkeitsanstalten, Vereine oder geeignete Privatpersonen zu übertragen und zu diesem Zwecke Hilfsbedürftige, vorbehaltlich der gesetzlichen Bestimmungen über den Aufenthalt, auch in anderen Gemeinden des Königreichs unterzubringen.

Außer den im vorstehenden Absatze bezeichneten Fällen sind die unterstützungspflichtigen Gemeinden oder öffentlichen Kassen zum Ersatze für die von einer Privatperson geleistete Hilfe nur dann verbunden, wenn diese so dringend war, daß die vorherige Anzeige bei dem Armenpflegschaftsrate des Ortes der Hilfeleistung nicht stattfinden konnte.

Von ganz besonderer Wichtigkeit für die bayerische Armenpflege ist der Artikel 18, welcher von den Mitteln der öffentlichen Armenpflege handelt, und folgendes bestimmt:

Die Mittel zur Bestreitung des Bedarfes der öffentlichen Armenpflege sind zu schöpfen:

1. aus den Nutzungen des für Armenzwecke ausgeschiedenen Gemeindevermögens (Lokalarmenfonds);
2. aus den stiftungsgemäß hiezu verfügbaren Nutzungen öffentlicher Wohlthätigkeitsanstalten;
3. aus den der Armenpflege durch die Gesetze zugewiesenen Einnahmen[1];
4. aus den zu Gunsten der Armenpflege in der Gemeinde bereits rechtmäßig bestehenden oder in gesetzlich zulässiger Weise einzuführenden örtlichen Abgaben für feierliche Hochzeiten in öffentlichen Wirtschaften, für Veranstaltung öffentlicher Festlichkeiten, Lustbarkeiten, Pferderennen, Musikproduktionen, Tanzunterhaltungen, Theatervorstellungen und Schaustellungen aller Art;
5. aus den regelmäßigen oder außerordentlichen Zuschüssen der Gemeindekasse oder anderer öffentlicher Kassen;
6. aus den für laufende Ausgaben bestimmten Schenkungen oder Vermächtnissen, aus den zum Besten der Armenpflege veranstalteten Sammlungen und Verlosungen, aus Ersatzleistungen und sonstigen außerordentlichen Einnahmen.

Reichen diese Einnahmequellen nicht aus, so ist der Mehrbedarf nach den Vorschriften der Gemeindeordnung über die Bestreitung der Gemeindebedürfnisse zu decken.

In Landgemeinden kann die Verköstigung der Armen an die einen selbständigen Haushalt führenden Einwohner in bestimmter Reihenfolge nach einem billigen Maßstabe übertragen werden, wenn der Gemeindeausschuß und Armenpflegschaftsrat übereinstimmend für dieses Verfahren sich entscheiden; dasselbe darf jedoch auf Kinder bis zu vollendeter Werktagsschul-

---

[1] Z. B. Strafanteile, Disciplinarstrafen. Die früheren Jagdgebührenanteile wurden den Armenkassen wieder entzogen.

pflicht, auf kranke und sicherheitsgefährliche Personen keine Anwendung finden[1]..

Das Organ der gemeindlichen Armenpflege ist der Armenpflegschaftsrat. Derselbe ist eine öffentliche Korporation.

Er vertritt die Gemeinde in allen Angelegenheiten der öffentlichen Armenpflege.

Soweit es zur Lösung der ihm gestellten Aufgabe erforderlich ist, genießt er zur Erreichung der von ihm erlangten Aufschlüsse Anspruch auf Rechtshilfe gegenüber allen öffentlichen Behörden, Stiftungsverwaltungen, Religionsdienern, Ärzten und Privatwohlthätigkeitsvereinen. Seine sonstigen Befugnisse und Pflichten sind im Gesetze genau geregelt.

Von besonderem Interesse ist die Bestimmung des Artikel 30, nach welcher der Armenpflegschaftsrat denjenigen Personen, welche seinen allgemeinen oder besonderen Anordnungen in Bezug auf die Ermittelung ihrer Hilfsbedürftigkeit, auf die Verabreichung von Unterstützungen, auf Leistung der ihnen zugewiesenen Arbeit oder auf den Aufenthalt in einer bestimmten Armenanstalt ungerechtfertigten Ungehorsam entgegensetzen, jede Unterstützung versagen kann, solange dieser Ungehorsam währt.. Diese Bestimmung ist auch auf Nichtbayern anwendbar.

Weiter von Interesse sind die Bestimmungen des Artikel 31, nach welchen für die Wahrung von Ersatzansprüchen der Gemeinden unter sich, wie gegen die Staats- oder eine andere Kasse es erforderlich ist, daß die hilfeleistende Gemeinde binnen drei Tagen, von dem auf den Beginn der Hilfeleistung folgenden Tage an gerechnet, der ersatzpflichtigen Gemeinde bezw. den genannten Kassen Nachricht gebe, und zwar bei Vermeidung des Verlustes des Anspruches bis zur Zeit der erfolgten Anzeige. Ist die Staatskasse ersatzpflichtig, so muß die vorgeschriebene Nachricht an die Distriktsverwaltungsbehörde der Heimat des Hilfsbedürftigen, ist eine andere öffentliche Kasse ersatzpflichtig, so muß sie an die gesetzlichen Vertreter dieser Kasse ergehen. Ist die Heimat unbekannt, so ist die Anzeige an die der unterstützenden Gemeinde vorgesetzte Verwaltungsbehörde zu erstatten. **Die Anzeige bei der vorgesetzten Verwaltungsbehörde ist in allen Fällen der Unterstützung von Nichtbayern erforderlich**[2].

Bezüglich der Art der Unterstützung, ob diese in Geld oder Naturalien geleistet wird, bezüglich der Wahl offener oder geschlossener Armen- oder Krankenpflege ist dem Ermessen der Armenpflegschaftsräte vollkommen freier Spielraum gelassen.

Nach diesen Grundsätzen erfolgt in Bayern die Unterstützung sämtlicher Hilfsbedürftiger, seien diese Bayern oder Nichtbayern, Deutsche oder Ausländer.

Die Unterstützung ist jeweils nach Maßgabe des vollen Be-

---

[1] In Artikel 20 sind Bestimmungen über Krankenkassen, welche für Dienstboten, Gewerbsgehilfen und dergleichen Personen als gemeindliche Krankenversicherung errichtet werden können, enthalten. Diese Krankenkassen gewähren die gleichen Leistungen, wie die reichsgesetzliche Gemeindekrankenversicherung. Die Einrichtung möge hier nur erwähnt sein.

[2] Siehe Min.-Entschl. v. 8. März 1873, M.-Bl. S. 362.

dürfnisses zu gewähren, ohne daß vorher gefragt werden darf, ob oder wieviel wieder ersetzt werden wird. Auf diese Art genießen besonders nicht transportfähige Bedürftige den ausgiebigsten Schutz.

Insoweit der Hilfsbedürftige transportfähig ist, kann nach Maßgabe der bestehenden Gesetze und Staatsverträge die Heimweisung in Erwägung gezogen werden.

Ob und inwieweit angesichts der großen Erleichterung des Heimaterwerbes nach dem neuen Gesetze vom 17. Juni 1896, welches, wie schon ausgeführt, Bayern sogar schlechter stellt, als Nichtbayern, einzelne Gemeinden ausgiebigeren Gebrauch von der Ausweisungsbefugnis machen werden, ist eine Frage, welche heute noch nicht beantwortet werden kann, welche aber in manchen großen Gemeinden angesichts der drohenden Überlastung vielleicht einen Gegenstand ernster Erwägung bilden wird.

C. Verhältnis Bayerns zu den übrigen deutschen Bundesstaaten und den Reichslanden.

1. Ausweisung und Übernahme, dann Kostenersatz bei Ausweisungen.

Hinsichtlich der Ausweisung selbst, der Übernahme Ausgewiesener und des Ersatzes von Kur= und Verpflegungskosten für unterstützte Nichtbayern (Deutsche) kommen im Verhältnisse Bayerns zu den übrigen deutschen Bundesstaaten einschließlich der Reichslande in Betracht:

1. das Freizügigkeitsgesetz vom 1. November 1867[1];
2. der Gothaer Vertrag vom 15. Juli 1851;
3. die Eisenacher Übereinkunft vom 11. Juli 1883.

Das Freizügigkeitsgesetz vom 1. November 1867 wurde erlassen zum Vollzuge des Artikel 4 Ziff. 1 der nunmehrigen Reichsverfassung und hatte in Bayern gemäß § 2 I Ziff. 3 des R.=Einf.=Ges. vom 22. April 1871 (G.=Bl. S. 87) vom Tage der Wirksamkeit des letztbezeichneten Gesetzes in Kraft zu treten; da das R.=Einf.=Ges. vom 22. April 1871 keinen speziellen Zeitpunkt für den Beginn seiner Wirksamkeit fixierte und am 29. desselben Monats zur amtlichen Veröffentlichung gelangte, gilt sohin das Freizügigkeitsgesetz in Bayern seit 13. Mai 1871.

Das Freizügigkeitsgesetz bezieht sich nur auf Angehörige deutscher Bundesstaaten[2], greift aber über Artikel 3 der Reichsverfassung insoferne hinaus, als es die Freizügigkeit nicht bloß von Staat zu Staat, sondern auch — selbst innerhalb desselben Bundesstaates — von Gemeinde zu Gemeinde regelt.

---

[1] In Bayern seit 13. Mai 1871 in Kraft.
[2] Reichsausländer dürfen sich vorbehaltlich einiger Beschränkungen in Bayern zwar aufhalten, haben aber im Gegensatze zum Reichsangehörigen kein Recht auf den Aufenthalt.

Das Gesetz über Heimat, Verehelichung und Aufenthalt wurde durch eine Novelle vom Jahre 1872, nachdem der Begriff des „Auslandes" ein anderer geworden war, den Bestimmungen des Freizügigkeitsgesetzes, des Bundes- und Staatsangehörigkeitsgesetzes und der Reichsverfassung entsprechend abgeändert. Gemäß Artikel 43 dieses Gesetzes im Zusammenhalte mit den sonstigen einschlägigen Gesetzen unterliegt der Aufenthalt eines Reichsangehörigen in Bayern nur[1] dann mehr einer Einschränkung[2]:
1. wenn der Zuziehende an dem Orte seiner Niederlassung sich eine eigene Wohnung oder ein eigenes Unterkommen zu verschaffen nicht imstande ist — (§ 1 Freiz.-Ges.);
2. wenn der Zuziehende den Nachweis seiner Bundes-, Reichsangehörigkeit nicht erbringen kann (§ 2 l. c.);
3. wenn er wegen der in Artikel 45 Ziff. 5, 6 und 9 des Heimatgesetzes bezeichneten Reate bestraft worden ist[3] (§ 3 l. c.);
4. unter den in § 4 und 5 des Freizügigkeitsgesetzes bezeichneten Voraussetzungen.

Die thatsächliche Ausweisung darf erst erfolgen, wenn die Aufnahmeerklärung der in Anspruch genommenen Gemeinde (Staat) oder wenigstens eine vorläufig vollstreckbare Entscheidung über die Fürsorgepflicht ergangen ist (§ 6). Diese Fürsorgepflicht trifft nach dem bayerischen Armengesetze vorläufig unter allen Umständen die Aufenthaltsgemeinde. Die gedachte Entscheidung wird von der Distriktsverwaltungsbehörde erlassen, wenn die Gemeinde sich der einstweiligen Fürsorge weigern sollte.

Von besonderer Bedeutung für die Armenpflege sind die den Gemeinden[4] durch §§ 4 und 5 eingeräumten armenpolizeilichen Befugnisse, von welchen sowohl Bayern wie Nichtbayern gegenüber Gebrauch gemacht werden kann. Ein in einer Gemeinde neu Anziehender kann demnach abgewiesen werden, wenn nachgewiesen wird, daß er nicht hinreichende Kräfte besitzt, um sich und seinen nicht arbeitsfähigen Angehörigen den notdürftigen Lebensunterhalt zu verschaffen und wenn er solchen weder aus eigenem Vermögen bestreiten kann noch von einem dazu verpflichteten Verwandten erhält[5]. Es liegt im eigenen Interesse der Gemeinden, sich über die Verhältnisse aller neu zuziehenden Personen ehestens möglichst genau zu vergewissern, und neu Zugezogene fortgesetzt im Auge zu behalten, wenn sie sich vor späteren Nachteilen bewahren wollen. Praktisch wird sich die sofortige Wegweisung meist nur gegenüber krüppelhaften und kranken Personen, deren Arbeitsunfähigkeit ohne weiteres

---

[1] Vgl. § 12 des Freizügigkeitsgesetzes.
[2] Wie überhaupt im ganzen Deutschen Reiche mit Ausnahme der nachfolgenden Ziffer 3, bezüglich welcher es auf die Bestimmungen der Landesgesetze ankommt. Bei der späteren Darstellung wird, soweit nicht Abweichungen vorhanden sind, auf das hier Gesagte verwiesen werden.
[3] S. Anhang. Es sind meist gemeine oder gemeingefährliche Vergehen, Bettel, Landstreicherei u. s. w.
[4] Wo die Armenpflege nicht den Gemeinden, sondern anderen Verbänden obliegt, geht diese Befugnis auf diese Verbände über. (§ 9 Freizüg.-Ges.)
[5] Eine nach dem Gesetze zulässige Beschränkung der Gemeinden in dieser Befugnis hat in Bayern nicht stattgefunden.

festgestellt werden kann, durchführen lassen und empfehlen, da mit Recht gesagt werden kann, daß solche Personen, die sofort als unterstützungsbedürftig zu erkennen sind, eben ihrer Heimatgemeinde zugehören oder dem sonst unterstützungspflichtigen Verbande, und daß sie in diesem Stadium nicht einem Anderen aufgehalst werden sollen, während andererseits es dem Willen des Gesetzes entspricht, wenn Personen, welche arbeitsfähig sind und die vorgeschriebene Zeit sich in einer Gemeinde aufgehalten haben, in dieser Gemeinde auch Ansprüche erheben können, gegenüber diesen also, auch wenn sie unterstützungsbedürftig werden, ein gelinderes Verfahren angezeigt erscheint.

Das Gesetz bestimmt deshalb, daß Personen, welche sich schon länger in einer Gemeinde aufgehalten haben, auch wenn sie die Heimat oder den Unterstützungswohnsitz dort nicht erworben haben, wohl ausgewiesen werden können, wenn sie unterstützungsbedürftig werden, aber nur dann, wenn die Unterstützung aus anderen Gründen als wegen einer nur vorübergehenden Arbeitsunfähigkeit notwendig geworden ist. Kommt also ein neuzuziehender Arbeitsunfähiger an, so kann er ohne weiteres weggewiesen werden; das ist jedoch dann nicht mehr der Fall, wenn ein Fremder schon längere Zeit in einer Gemeinde sich aufgehalten hat und dann nur vorübergehend arbeitsunfähig wird. Dieses Falles ist ihm die erforderliche Unterstützung zu gewähren und der Aufenthalt zu gestatten, und er wird in der Lage sein, einen schon erworbenen Heimatanspruch trotz der augenblicklichen Notwendigkeit der Unterstützung geltend zu machen, oder aber sich durch weiteren Aufenthalt, der ihm nicht versagt werden kann, zu erwerben. Andererseits ist freilich die Gemeinde dann, wenn die Unterstützungsbedürftigkeit fortdauert, berechtigt, ihn auszuweisen. Alles dieses unter der ganz selbstverständlichen Voraussetzung, daß die betreffende Person einen Unterstützungswohnsitz (eine Heimat) im Aufenthaltsorte noch nicht erworben hat; denn der Unterstützungswohnsitz- bezw. Heimatberechtigte kann aus seiner Heimat, wo er das Recht zu wohnen hat, überhaupt nicht ausgewiesen werden.

Sind nun in dieser Beziehung durch das Freizügigkeitsgesetz die Verhältnisse für ganz Deutschland principiell einheitlich geregelt, so besteht doch bezüglich der Wirkung des Gesetzes zufolge der Verschiedenheit der Heimatgesetzgebung zwischen Bayern und dem Gebiete des Unterstützungswohnsitzgesetzes noch ein ganz erheblicher Unterschied.

Während nämlich nach dem bayerischen Gesetze die Erwerbung des Heimatrechtes unter der Voraussetzung der Erwerbung der bayerischen Staatsangehörigkeit auch Nichtbayern, sogar Ausländern, unter den gleichen, sogar teilweise günstigeren Bedingungen wie den Bayern selbst ermöglicht ist, allerdings frühestens nach einem vierjährigen Aufenthalte, kann ein Bayer, solange er seiner Staatsangehörigkeit nach Bayer bleibt und keine neue Heimat in einer bayerischen Gemeinde erwirbt, seine Heimat überhaupt nicht verlieren. Solange er sich außerhalb Bayerns, aber innerhalb des Deutschen Reiches aufhält, bleibt ihm seine bayerische Heimat; einen Unterstützungswohnsitz an seinem Aufenthaltsorte kann er niemals erwerben, weil das Unterstützungswohnsitzgesetz auf ihn als Bayern keine Anwendung findet. Wird er dagegen von Bayern entlassen und in einem anderen Bundesstaate aufgenommen, so verliert er damit seine bayerische Heimat und ist schon nach zwei Jahren in der Lage, sich einen Unterstützungswohnsitz in einer nichtbayerischen Gemeinde zu erwerben[1].

Der Nichtbayer dagegen, welcher in den bayerischen Staatsverband aufgenommen wird, kann erst nach vier oder, wenn er unselbständig ist oder keine Steuern bezahlt, nach sieben Jahren in Bayern eine wirkliche Heimat erwerben[2].

Während also eine bayerische Gemeinde in der Lage ist, vom Ausweisungsrechte nach § 5 des Freiz.-Ges. je nach Umständen 4 oder 7 Jahre lang, ja noch länger, wenn die verschiedenen Voraussetzungen zum Erwerb des Heimatrechtes nicht erfüllt sind, und da die 4- bezw. 7jährige Frist durch den Empfang jeder Armenunterstützung unterbrochen wird, Gebrauch zu machen, sind die der Herrschaft des Unterstützungswohnsitzgesetzes unterliegenden Gemeinden hiezu nur zwei Jahre lang in der Lage, es sei denn, daß Armenunterstützung in der Zwischenzeit notwendig geworden oder sonst dem Erwerb des Unterstützungswohnsitzgesetzes entgegenstehende Hindernisse (siehe § 11 ff. d. Ges.) eingetreten wären.

Der Nichtbayer, welcher seine Heimat länger als zwei Jahre verläßt, verliert diese (als Unterstützungswohnsitz) auch ohne Verlust seiner Staatsangehörigkeit. Hinsichtlich der Unterstützung ist er dann mehr oder weniger aus der Stellung eines Rechtssubjektes in die eines Rechtsobjektes gedrängt.

Der Unterschied gestaltet sich noch erheblicher dadurch, daß in Bayern erst von der Erreichung der Volljährigkeit (21. Lebensjahr) an die Ersitzung eines Heimatanspruches möglich wird, während dieses jetzt beim Unterstützungswohnsitz schon vom vollendeten 18. Lebensjahre an der Fall ist. Es besteht sonach die Möglichkeit, daß ein in Preußen aufgenommener Bayer schon ein Jahr vor erreichter Großjährigkeit einen Unterstützungswohnsitz erworben hat, während ein in Bayern aufgenommener Preuße einen Heimatanspruch ehestens nach zurückgelegtem 25. Lebensjahre erheben kann.

Von Wichtigkeit ist die Bestimmung des § 6 des Freiz.-Ges., nach welcher die thatsächliche Ausweisung aus einem Orte immer erst dann er-

---

[1] Eine Ausnahme besteht für Preußen, wo auf Grund § 64 des Ausf.-Ges. zum Unterstützungswohnsitzgesetze der Erwerb des Unterstützungswohnsitzes jedem Deutschen zugestanden wird. Insbesondere ist dieses für bayerische Staatsangehörige anerkannt in einer Ministerialentschließung vom 18. April 1886, welche am Schlusse betont, daß der ihr zu Grunde liegenden Rechtsauffassung auch die zum Nachteil preußischer Armenverbände in Ausweisungsfällen entstehende Ungleichheit nicht entgegenstehe. Die rechtliche Thatsache, daß solcherweise entgegen beiden Rechtssystemen für sich eine Person den Besitz einer Heimat und eines Unterstützungswohnsitzes auf sich vereinigen kann, ist höchst bemerkenswert. Jedenfalls illustriert sie die bestehende Rechtsungleichheit recht auffällig. Die späteren Ausführungen wollen unter Vorbehalt der hiermit festgestellten Ausnahme verstanden werden.

[2] Der Aufgenommene hat in der Gemeinde seiner Niederlassung seine „vorläufige" Heimat, welche für seine Heimat gilt, bis er diese als definitive und selbständige erworben hat. Der Unterschied liegt dabei nur darin, daß für die Unterstützung eines vorläufig beheimateten Bedürftigen endgültig nicht die Gemeinde, sondern die Staatskasse aufzukommen hat. Nach Ablauf der Zeit wird sodann die definitive und selbständige Heimat kraft des Gesetzes gebührenfrei erworben, wenn auch die übrigen gesetzlichen Voraussetzungen erfüllt sind, während beim Bayern zum Heimaterwerb immer ein Verleihungsakt erforderlich ist.

folgen darf, wenn entweder die Aufnahmeerklärung der übernahmspflichtigen Gemeinde vorliegt, oder eine in Bayern von den Distriktsverwaltungsbehörden zu erlassende vollstreckbare Entscheidung über die vorläufige Fürsorgepflicht ergangen ist. Damit ist der Hilfsbedürftige gegen voreilige Ausweisung und Not geschützt. Sein Interesse ist in die erste Reihe gestellt.

Das Verfahren [1] selbst bei der Ausweisung auf Grund des § 5 des Freiz.=Ges., wenn hiebei verschiedene Bundesstaaten beteiligt sind, richtet sich, wie das Gesetz ausdrücklich bestimmt, nach dem Vertrage wegen gegenseitiger Verpflichtung zur Übernahme von Auszuweisenden dd. Gotha, 15. Juli 1851, sowie nach den späteren zur Ausführung dieses Vertrages getroffenen Verabredungen. Bis zur Übernahme seitens des verpflichteten Staates ist der Aufenthaltsstaat zur Fürsorge für den Auszuweisenden im Aufenthaltsorte nach den für die öffentliche Armenpflege in seinem Gebiete gesetzlich bestehenden Grundsätzen verpflichtet. Ein Anspruch auf Ersatz der für diesen Zweck verwendeten Kosten findet gegen Staats=, Gemeinde= oder andere öffentliche Kassen desjenigen Staates, welchem der Hilfsbedürftige angehört, sofern nicht anderweitige Verabredungen bestehen, nur insoweit statt, als die Fürsorge für den Auszuweisenden länger als drei Monat gedauert hat.

Der Geltungsbereich dieser Bestimmungen ist jetzt, da nach § 1 Abs. 2 des Unterstütz.=Wohns.=Ges. der § 7 des Freiz.=Ges. auf Norddeutsche nicht mehr anwendbar ist, auf den Wechselverkehr zwischen Bayern und den anderen Bundesstaaten [2] beschränkt.

Der Hinweis des § 7 des Freiz.=Ges. auf den Gothaer Vertrag entspricht der Bestimmung in Artikel 3 der Reichsverfassung, welcher auch auf die Verträge wegen Verpflegung erkrankter und Beerdigung verstorbener Bundesangehöriger hinweist. Nach dieser Richtung kommt die sogenannte Eisenacher Konvention in Betracht, welche die teilnehmenden Regierungen verpflichtet hat, dafür zu sorgen, daß in einem Gebiete denjenigen hilfsbedürftigen Angehörigen anderer Staaten, welche der Kur und Verpflegung benötigt sind, diese nach denselben Grundsätzen wie bei eigenen Unterthanen bis dahin zu Teil würde, wo ihre Rückkehr in den zur Übernahme verpflichteten Staat ohne Nachteil für ihre oder Anderer Gesundheit geschehen kann, und zwar ohne daß ein Anspruch auf Ersatz der hierbei oder durch die Beerdigung Verstorbener erwachsenden Kosten gegen die öffentlichen Kassen des Heimatstaates stattfindet. Diese Grundsätze dehnt der zweite Absatz des § 7 des Freiz.=Ges. auf alle diejenigen Fälle aus, in welchen ein der Unterstützung Bedürftiger in seine Heimat zurückverwiesen wird. Wenn hierbei der Anspruch auf Kostenersatz nur insoweit zugelassen ist, als die Fürsorge für den Auszuweisenden länger als drei Monate gedauert hat, so bezieht sich diese Bestimmung nur auf diejenigen Fälle, welche nicht schon unter den Eisenacher Vertrag fallen. An den durch letzteren übernommenen Verpflichtungen und an ähnlichen, etwa zwischen einzelnen Gemeinden oder Korporationen bestehenden Verabredungen soll durch § 7 des Freiz.=Ges. nichts geändert werden. Diese Übereinkunft enthält demnach die engsten Bestimmungen,

---

[1] Nicht bloß formell rechtlich zu verstehen.
[2] Elsaß=Lothringen ist noch näher zu betrachten.

nämlich sie trifft nur die Fälle, in welchen Erkrankung mit Transportunfähigkeit verbunden vorliegt oder die Beerdigung eines Bundesangehörigen in Frage steht, läßt dagegen die Frage der Unterstützung sonstiger Hilfsbedürftiger vollständig offen.

In der Praxis werden die ersteren Fälle weitaus die Mehrheit bilden, da bei der Notwendigkeit einer dauernden Unterstützung, wenn für diese der Heimatsstaat nicht freiwillig aufkommt, meistens rechtzeitig vom Rechte der Heimweisung wird Gebrauch gemacht werden. Indessen ist auch für diese Fälle in zweifacher Weise gesorgt, nämlich zunächst durch § 7 des Freiz.-Ges., welcher ganz allgemein, d. h. ohne Rücksicht auf den Grund der Hilfsbedürftigkeit dem Aufenthaltsstaate die Fürsorge für die auszuweisenden, d. h. diejenigen Personen, welche auf Grund des Freiz.-Ges. weggewiesen werden können, nach den Grundsätzen, wie sie in loco für die öffentliche Armenpflege gelten, auferlegt, wobei ein Kostenersatz nur für die über drei Monate hinaus geleistete Hilfe stattfinden soll. Damit ist die Dauer der Hilfeleistung jedoch keineswegs beschränkt; bei vorhandener Notwendigkeit muß vielmehr die Hilfe fortdauernd schon auf Grund dieser Bestimmung gewährt werden.

Sodann ist der Hilfsbedürftige, welcher sich in Bayern befindet, aber noch weiter geschützt durch die bereits oben angeführten Bestimmungen des Artikel 12 des Armengesetzes.

Zu beachten ist nur, daß **arbeitsfähige Personen** einen Anspruch auf öffentliche Unterstützung nicht haben, insbesondere nicht darauf, daß sie auf längere Zeit unterstützt werden, wenngleich ihnen in Fällen **dringender Not** die im Interesse der öffentlichen Sicherheit und Sittlichkeit augenblicklich unentbehrliche Hilfe zu gewähren ist.

Praktisch gestaltet sich die Sache so, daß arbeitsfähige Personen — und das werden der Mehrzahl nach die „armen Reisenden" und dergleichen Personen sein — nur mit dem Notwendigsten, meist Kleidung, Schuhwerk oder Reisegeld versehen werden, damit sie möglichst bald wieder sich entfernen können. Es wird, und mit Recht, keiner Armenpflege beifallen, einer arbeitsfähigen Person, welche nicht erkrankt oder aus anderen Gründen reise- oder transportunfähig ist, auf längere Zeit Unterstützung zu gewähren. Daß aber namentlich in früherer Zeit gegen so manchen armen Reisenden schwer gefehlt wurde, indem man ihn schlechthin als Landstreicher, Taugenichts und, wenn er behauptete, krank zu sein, als Simulanten ansah und behandelte und ihn, gar oft zum Schaden seiner Gesundheit, zwang, weiter zu reisen, um sich keine Lasten aufzubürden, obwohl es vielleicht hohe Zeit gewesen wäre, ihn in ein Krankenhaus oder doch wenigstens unter gutes Obdach zu bringen, das soll nicht verschwiegen werden. Diese Dinge mögen auch heute noch vorkommen, und zwar, was ohne Scheu gesagt werden kann, hauptsächlich in kleineren und in Landgemeinden. Die Sache ist begreiflich, insbesondere, wenn man weiß, wie schwer und lästig heute noch in den allermeisten Landgemeinden die Armenpflege empfunden wird, und in einer wie wenig beneidenswerten Lage sich der Dorfarme, auch der eingesessene, befindet, vom Standpunkte der Menschlichkeit aber auf das strengste zu verurteilen. Wie manchmal hätten sich schwere Folgen durch ein mit wenigem Aufwande verbundenes, rechtzeitiges Eingreifen verhüten laſſen! Daß es heute und lange ſchon beſſer geworden iſt, als in früheren Zeiten, läßt ſich nicht leugnen. Insbeſondere gebührt der in neuerer Zeit hauptſächlich auf vorbeugende Geſundheitspflege hinarbeitenden Wiſſenſchaft hoher Dank.

Was aber erkrankte oder ſonſt arbeitsunfähige Perſonen anlangt, ſo ſteht dieſen voller geſetzlicher Schutz zur Seite. Wenn in Fällen länger dauernder Krankheit und ſonſtiger Hilfsbedürftigkeit ſeitens des Aufenthaltsſtaates die thunlichſt baldige Übernahme angeſtrebt wird, ſo kann das, ſolange dabei die Grundſätze der Humanität nicht verletzt werden, eine Mißbilligung nicht finden; es iſt dies vielmehr ein Gebot der Selbſterhaltung und der berechtigten Rückſichtnahme auf die einheimiſchen Armen, welche dauernd unterſtützt werden müſſen.

Zu bemerken iſt, daß die Unterſtützungspflicht des Aufenthaltsſtaates ohne Erſatzanſpruch in den Fällen der Erkrankung und Transportunfähigkeit zeitlich nicht beſchränkt iſt, ſondern daß ſie ſolange ſtattzufinden hat, bis — und zwar regelmäßig wohl nach ärztlichem Gutachten — die Rückkehr des Erkrankten in ſeinen Heimatsſtaat ohne Nachteil für ſeine oder die Geſundheit Anderer geſchehen kann; weiter daß kein Unterſchied beſteht, welcher Art die Erkrankung iſt, daß alſo die Beſtimmungen der Eiſenacher Übereinkunft auch auf Geiſteskranke Anwendung zu finden haben. Über den letzteren Punkt hat unter den beteiligten Regierungen eine ausdrückliche Verſtändigung ſtattgefunden.

Weiter endlich iſt zu bemerken, daß unter der Rückkehr des Hilfsbedürftigen ſowohl deſſen freiwillige Abreiſe, wie die von der Obrigkeit angeordnete Fortſchaffuug deſſelben, mit welchem Fortſchaffungsmittel immer ſie erfolgt, zu verſtehen iſt, ſowie daß der Vertrag keine Anwendung findet auf Perſonen, welche in öffentlichen Dienſten ſtehen, dieſes Dienſtes halber im Gebiete des andern Staates ſich aufhalten und dort erkranken, daß es vielmehr in dieſer Hinſicht lediglich bei den deshalb beſtehenden Grundſätzen verbleiben ſoll[1].

Hinſichtlich der Unterſtützung ſonſtiger hilfsbedürftiger Perſonen tritt gemäß § 7 des Freiz.-Geſ., weil entgegenſtehende Verabredungen nicht beſtehen, nach 3 Monaten die Erſatzpflicht des übernahmepflichtigen Staates ein.

Da anzunehmen iſt, daß in den letzteren Fällen, welche in der Praxis im Verhältniſſe zu den übrigen ſelten vorkommen werden, meiſt auf die jederzeit mögliche, rechtzeitige Heimſchaffung Bedacht genommen werden wird, ſo werden Erſatzanſprüche der vermeinten Art nur wenige vorkommen. Indeſſen giebt es doch zahlreiche Fälle, in welchen Unterſtützungsbedürftige lange Jahre auswärts verbleiben, ohne daß ihnen gegenüber von dem Rechte Gebrauch gemacht wird, d. h. in welchen der Heimatſtaat oder die heimatliche Armenpflege die Unterſtützungspflicht des Aufenthaltsſtaates nicht in Anſpruch nimmt, und zwar aus rein praktiſchen Gründen. Wenn eine Perſon

---

[1] Vgl. Min.-Entſchl. v. 11. II. 1854 u. 21. I. 1858 (Bl. f. a. Pr. Bd. 29 S. 287), d. h., daß wenn überhaupt die Vorausſetzungen der Hilfsbedürftigkeit im Sinne des Armenrechts beſtehen, der einſchlägige heimatliche Armenverband einzutreten hat.

sich viele Jahre lang, ohne unterstützungsbedürftig zu sein, an einem fremden Orte aufgehalten hat, und nun unterstützungsbedürftig wird, so würde die heimatliche Armenpflege, wenn sie um Hilfe angegangen wird, in vielen Fällen gegen ihr eigenes Interesse handeln, wollte sie unter allen Umständen auf ihrem durch die Eisenacher Übereinkunft begründeten Rechte bestehen und so die Heimweisung des Bedürftigen geradezu provozieren. Der Aufenthaltsstaat würde von der Befugnis der Heimweisung baldmöglichst Gebrauch machen, sodaß auf alle Fälle die heimatliche Armenpflege den Bedürftigen künftig vollständig zu erhalten hätte, während, wenn dieser von der Heimat fortlaufend unterstützt wird, diese Unterstützung sich meistens auf einen geringen Zuschuß beschränken kann, da der Bedürftige an dem Orte, wo er lange Zeit geweilt hat, bekannt geworden ist und sich eingelebt hat, unter Umständen sich durch kleine leichte Arbeiten, auch durch Unterstützung seitens der privaten Wohlthätigkeit auf einer Stufe wird erhalten können, welche ihm mit kleiner Nachhilfe von der Heimat die Existenz gestattet. In diesen Fällen wäre also, von der Härte, den Armen aus den Kreisen, in welchen er heimisch geworden ist, herauszureißen, und in die ihm fremd gewordene Heimat zurück zu versetzen abgesehen, die bedingungslose Berufung auf die Eisenacher Übereinkunft sicher verfehlt[1].

2. Geltungsbereich und sonstiger Inhalt des Gothaer Vertrages und der Eisenacher Konvention.

Der Gothaer Vertrag ist heute noch anzuwenden im gegenseitigen Verkehr zwischen Bayern, Elsaß-Lothringen und Luxemburg, und zwar im Verkehre dieser Staaten unter sich wie mit den einzelnen deutschen Bundesstaaten. Seine Bestimmungen betreffen fast ausschließlich das Verfahren bei Übernahme der Ausgewiesenen. Der wesentliche Inhalt des Vertrages liegt in dessen § 1, nach welchem jedem derzeitigen oder früheren Angehörigen eines der kontrahierenden Staaten, soferne er nicht anderswo eine Staatsangehörigkeit erworben hat, die Aufnahme bezw. Wiederaufnahme in seinem Heimatstaate gesichert ist. Dieser Grundsatz harmoniert mit dem bayerischen Heimatgesetze vollkommen, erzeugt aber in seiner Anwendung im Gebiete des Unterstützungswohnsitzgesetzes diesem gegenüber eine kleine Inkonsequenz insofern, als auch bei längerer Abwesenheit vom Unterstützungswohnsitze dennoch eine gewisse dauernde Heimat, allerdings nicht im Ortsarmenverbande, aber doch im Bundesstaate geschaffen wird.

Über die Kosten der Ausweisung ist in § 11 Bestimmung getroffen. Diese Kosten stellen zwar an sich nicht eigentlich eine (Armen=) Unterstützung dar. Sie könnten deshalb unerwähnt bleiben. Allein praktisch wird sich ergeben, daß sich Ausweisungskosten und Unterstützungskosten nicht immer trennen lassen.

---

1) Eine praktische Analogie zu § 55 des Unterstützungswohnsitzgesetzes.

Im allgemeinen ist bestimmt, daß die Kosten der Ausweisung von dem ausweisenden Staate zu tragen sind. Geht der Transport durch das Gebiet eines anderen der kontrahierenden Staaten, so ist diesem vom ausweisenden Staate die Hälfte der beim Durchtransport entstehenden Kosten zu ersetzen[1]. Bei Nichtannahme des Ausgewiesenen von seinem Heimatstaate hat der Ausweisende die sämtlichen Kosten des Rücktransportes zu vergüten, d. h. zu tragen. Es ergiebt sich hier eine Reihe von Fragen, insbesondere bezüglich der Ausscheidung von Transport- und Verpflegungskosten, der Berechnung der dreimonatlichen Frist des § 7 des Freiz.-Ges. u. s. w., deren Erörterung im einzelnen hier zu weit führen würde. Jedenfalls krankt das System an einer gewissen Schwerfälligkeit.

Die Eisenacher Übereinkunft wurde ursprünglich von folgenden Staaten abgeschlossen:

Preußen, Sachsen, Hannover, Kurhessen, Großherzogtum Hessen, Sachsen-Weimar, Mecklenburg-Schwerin, Mecklenburg-Strelitz, Oldenburg, Braunschweig, Sachsen-Meiningen, Sachsen-Altenburg, Sachsen-Coburg-Gotha, Anhalt-Dessau-Cöthen, Anhalt-Bernburg, Schwarzburg-Rudolstadt, Schwarzburg-Sondershausen, Schaumburg-Lippe, Lippe, Reuß ältere und jüngere Linie, dann den freien Städten Frankfurt und Bremen.

Bis zum 5. November 1853 waren ihr beigetreten: Königreich Württemberg, Herzogtum Nassau, Fürstentum Waldeck und die freie Stadt Lübeck. Die Einzelheiten der bezüglichen Verhandlungen haben heute nur mehr historisches Interesse.

Der jetzige Rechtszustand basiert auf Artikel 3 Abs. IV der Reichsverfassung und Ziff. 3 des Schlußprotokolles zum Versailler Vertrage vom 23. November 1870. In demselben wurde ausdrücklich statuiert, daß in Anbetracht der für Bayern bestehenden Ausnahme von der Legislative des Bundes (Reiches) hinsichtlich der Heimatgesetzgebung der Gothaer Vertrag und die sogenannte Eisenacher Übereinkunft für das Verhältnis Bayerns zu dem übrigen Bundesgebiete fortdauernd Geltung haben sollen.

Für Elsaß-Lothringen giebt der Bundesratsbeschluß vom 6. Dezember 1873 Maß. Derselbe ist veröffentlicht in der Bekanntmachung des Reichskanzlers vom 16. Januar 1874 (Gesetzbl. für Elsaß-Lothringen S. 1). Nach diesem Beschluß haben die Bestimmungen der Eisenacher Konvention auf die Reichslande im Verkehre mit sämtlichen übrigen Bundesstaaten Anwendung zu finden.

Facit:

In Bayern hat jeder dauernd oder vorübergehend Hilfsbedürftige, sei er Bayer oder Nichtbayer, gesetzlichen Anspruch auf öffentliche Hilfe. Die Hilfe ist von der Armenpflege der Aufenthaltsgemeinde zu leisten, und zwar

---

[1] Diese Bestimmung kann naturgemäß nur dann Anwendung finden, wenn der Zwischenstaat wirklich Aufwendungen gemacht hat. Sie wird bei den jetzigen Verkehrsverhältnissen ziemlich gegenstandlos geworden sein. Aus welchen Gründen übrigens bei der sonst durchgeführten Interessentrennung ein gar nicht beteiligter Staat zur teilweisen Kostentragung herangezogen wurde, ist nicht gut ersichtlich.

nach Maßgabe des festgestellten Bedürfnisses, nicht etwa der vorhandenen Mittel. Die Unterstützungspflicht der Aufenthaltsgemeinde ist an sich auch zeitlich nicht beschränkt. Eine Beschränkung tritt nur ein, wenn von dem gesetzlich genau und eng begrenzten Rechte der Ausweisung Gebrauch gemacht wird.

Innerhalb dieser Grenzen besteht sohin in Bayern vollständige Gleichberechtigung aller Reichsangehörigen auf Unterstützung im Falle der Hilfsbedürftigkeit, sowie die gesetzliche Gewähr für das Vorhandensein der zur Armenhilfe erforderlichen Mittel.

II.
Das Gebiet des Unterstützungswohnsitzes.

Von

W. Fleischmann,
Ratsassessor in Nürnberg.

A. Das Recht des Unterstützungswohnsitzes.

Das Gesetz über den Unterstützungswohnsitz vom 6. Juni 1870 ist im Gebiete des Norddeutschen Bundes am 1. Juli 1871 in Kraft getreten, desgleichen in Hessen (südlich des Mains). In Württemberg und Baden wurde es vom 1. Januar 1871 an eingeführt. Sein Geltungsbereich umfaßt das Gebiet des ganzen Deutschen Reiches mit Ausnahme von Bayern und den Reichslanden.

Demnach bemißt sich im Gebiete des Unterstützungswohnsitzes die Unterstützung von fremden Hilfsbedürftigen, d. h. solchen, welche einem anderen als dem unterstützenden Bundesstaate angehören,

a) wenn der Fremde einem der unter der Herrschaft des Unterstützungswohnsitzgesetzes unterstehenden Staate angehört, ausschließlich nach den Bestimmungen dieses Gesetzes[1];

b) wenn der Fremde Bayer oder Reichsländer ist, also Ausländer im Sinne des Unterstützungswohnsitzgesetzes, zunächst nach § 60 dieses Gesetzes[2], dann § 7 des Freiz.-Ges. und den Bestimmungen des Gothaer Vertrages und der Eisenacher Übereinkunft[3].

---

[1] Und zwar grundsätzlich hinsichtlich der Unterstützungspflicht und des Kostenersatzes.

[2] Nach welchem Ausländer vorläufig von demjenigen Ortsarmenverbande unterstützt werden müssen, in dessen Bezirk sie sich bei dem Eintritt der Hilfsbedürftigkeit befinden. Zur Erstattung der Kosten beziehungsweise zur Übernahme des hilfsbedürftigen Ausländers ist derjenige Bundesstaat verpflichtet, welchem der Ortsarmenverband der vorläufigen Unterstützung angehört, mit der Maßgabe, daß es jedem Bundesstaate überlassen bleibt, im Wege der Landesgesetzgebung diese Verpflichtung auf seine Armenverbände zu übertragen.

[3] Hinsichtlich der Reichsausländer ist außerdem auf die im Anhange abgedruckten Staatsverträge hinzuweisen.

Was die Unterstützung von Bayern im Gebiete des Unterstützungswohnsitzgesetzes anlangt, so gelten hier die über die Verhältnisse im Gebiete des Heimatrechtes gemachten Ausführungen, da in diesen Fällen durch die Gesetze und bestehenden Verträge volle Gegenseitigkeit gewährleistet ist.

Das Gleiche ist grundsätzlich der Fall bezüglich der Unterstützung von Reichsländern. Inwieweit hier das Princip der Gegenseitigkeit beim Mangel der obligatorischen Armenpflege in den Reichslanden gewahrt ist, diese Frage wird den Gegenstand besonderer Erörterung bei der Abhandlung über die Verhältnisse in den Reichslanden bilden.

Da das Gebiet des Unterstützungswohnsitzgesetzes 24 Bundesstaaten umfaßt, und die Unterstützung von Hilfsbedürftigen, welche einem dieser Staaten angehören, in einem andern Bundesstaat unter das zu behandelnde Thema fällt, so muß der Rechtszustand, wie ihn dieses Gesetz geschaffen hat, hier erörtert werden. Wenn gesagt wird, der Rechtszustand, so hat dieses seinen guten Grund, denn das Gesetz über den Unterstützungswohnsitz befaßt sich nur mit abstrakten Rechten und regelt ausschließlich die Unterstützungspflicht und das Unterstützungsrecht **als solches**, während es die Ausführung in der Praxis, d. h. die näheren Bestimmungen über die Unterstützung selbst, und zwar wie grunsätzlich anzuerkennen ist, ganz mit Recht, der Gesetzgebung der einzelnen Staaten überläßt. Es ergeben sich durch diese Trennung in der Rechtseinheit zwar einige Verschiedenheiten, möglicherweise auch Nachteile, allein dies kann man dem Gesetze nicht zum Vorwurfe machen. Es ist eben die Unterstützung selbst eine Sache, welche unter allen Umständen nach lokalen Verhältnissen am besten und richtigsten behandelt wird, wenngleich auch in der Teilung nach kleinen Bezirken, wie später zu besprechen sein wird, nicht zu weit gegangen werden darf.

Grundlegend nun bestimmt das Gesetz:

Jeder Deutsche[1] ist in jedem Bundesstaat in Bezug auf die Art und das Maß der im Falle der Hilfsbedürftigkeit zu gewährenden öffentlichen Unterstützung, dann auf den Erwerb und Verlust des Unterstützungswohnsitzes **als Inländer** zu behandeln, d. h. jeder Deutsche hat in jedem Bundesstaate das Recht, im Bedürftigkeitsfalle dieselbe Unterstützung zu verlangen, wie sie der Angehörige dieses Bundesstaates selbst nach dem Gesetze beanspruchen kann, ferner bei Erwerbung des Unterstützungswohnsitzes selbst steht ihm seine Zugehörigkeit zu dem andern Bundesstaate nicht hinderlich im Wege, vielmehr erwirbt jeder Deutsche in jedem beliebigen Bundesstaate, wenn er den gesetzlichen Erfordernissen genügt hat, den Unterstützungswohnsitz so, wie der dem Bundesstaate angehörende Deutsche selbst, oder: **Die Staatsangehörigkeit hat auf den Erwerb des Unterstützungswohnsitzes keinen Einfluß.**

Eine Begriffsbestimmung des Unterstützungswohnsitzes selbst hat der Gesetzgeber unterlassen, der Begriff ist aber mit aller Deutlichkeit zu schöpfen aus dem Worte selbst, dann aus § 30 des Gesetzes und aus § 5 des Freiz.=Ges. — Der Begriff kommt dem bayerischen Begriffe der Heimat hinsichtlich seiner Wirkung vollkommen gleich:

---

[1] Mit diesem Ausdruck soll in diesem Abschnitte jeder Deutsche verstanden sein, welcher Nichtbayer und Nichtreichsländer ist.

a) **Recht des Aufenthaltes** (§ 5 Freiz.-Ges.) und
b) **Anspruch auf definitive Unterstützung** (§ 30 des Ges.).

Auf die Art der Erwerbung und den Verlust des Unterstützungswohnsitzes näher einzugehen ist hier nicht der Ort. Es genüge der Hinweis darauf, daß für den Erwerb und den Verlust desselben ein zweijähriger ununterbrochener Aufenthalt oder eine zweijährige ununterbrochene Abwesenheit entscheidet, und daß grundsätzlich — im Gegensatze zum bayerischen Heimatrechte — die Erwerbung und der Verlust des Unterstützungswohnsitzes sich nur kraft Gesetzes vollzieht. Insbesondere ist ein Eingreifen der Gemeinde, wie dieses nach neuestem bayerischen Rechte möglich ist, hier vollkommen ausgeschlossen. Gemeinsam mit dem bayerischen Rechte besteht die Unmöglichkeit, daß eine Person zwei Unterstützungswohnsitze, dagegen ist es durchaus nicht nötig, daß eine Person überhaupt einen Unterstützungswohnsitz habe. Es herrscht also auf diesem Gebiete die vollkommenste Freizügigkeit.

Armenpolizeiliche Aufenthaltsbeschränkungen existieren nur, soweit § 4 und 5 des Freiz.-Ges. solche kennen. Dieselben wurden schon bei Darstellung des bayerischen Heimatrechtes des näheren behandelt und mag hier auf das dort Gesagte lediglich verwiesen werden.

So lange Armenunterstützung gewährt wird, ist die Ersitzung eines Unterstützungswohnsitzes ausgeschlossen. Ebenso unterbricht ein auf Grund des § 5 Freiz.-Ges. gestellter Übernahmeantrag die zweijährige Frist.

Frauen und Kinder folgen mit gewissen Ausnahmen dem Unterstützungswohnsitze des Ehemanns bezw. Vaters.

Eine wesentliche Verschiedenheit gegenüber dem bayerischem Rechte besteht darin, daß nach dem Tode des Vaters eheliche Kinder nicht den Unterstützungswohnsitz des Vaters beibehalten, sondern den der Mutter teilen, bis sie ihn nach dem Gesetze verlieren, oder bis sie einen neuen erworben haben.

Der angestammte Unterstützungswohnsitz bleibt nicht an der Person haften, sondern diese erwirbt einen neuen dann, wenn sie für ihre Person den gesetzlichen Erfordernissen genügt hat, von selbst.

Erwerbungsgründe für den Unterstützungswohnsitz sind: Zweijähriger Aufenthalt in einer Gemeinde nach zurückgelegtem 18. — bis 1894: 24. — Lebensjahre, Verehelichung von Frauenspersonen und Abstammung von Eltern, welche einen Unterstützungswohnsitz haben.

Der Bedürftige, welcher einen Unterstützungswohnsitz nicht hat, ist ein „Landarmer". Er gehört als solcher keinem Armenverbande an wie der Unterstützungswohnsitzberechtigte.

Die Pflicht zu seiner Unterstützung steht zunächst nur insoweit fest, als er regelmäßig von dem Landarmenbezirksverbande unterstützt werden muß, in welchem die Hilfsbedürftigkeit eintritt.

Im übrigen obliegt die Unterstützungspflicht dem Ortsarmenverbande, welchem unter allen Umständen die **vorläufige** Unterstützung aller Bedürftigen obliegt. Im Falle der Unterstützung eines Landarmen ist der Landarmenverband ersatzpflichtig (§ 30 des Gesetzes).

Als **Ortsarmenverbände** erscheinen in erster Linie die politischen Gemeinden, welche einzeln oder mehrere zusammen einen solchen

Verband bilden können, dann die selbständigen Gutsbezirke, wieder einzeln oder mehrere zusammen; auch können Gemeinden und Gutsbezirke zu einem Ortsarmenverbande vereinigt sein.

Jedes Grundstück, also auch jedes ausmärkische, muß einem Ortsarmenverbande zugeteilt werden.

Die Landarmenverbände, welche rechtlich den Ortsarmenverbänden vollständig gleichstehen, sind in der Regel aus einer Mehrheit von Ortsarmenverbänden gebildet. Sie können sich ausnahmsweise auf das Gebiet eines Ortsarmenverbandes beschränken; andrerseits kann auch ein Bundesstaat unmittelbar die Funktionen eines Landarmenverbandes übernehmen. Dieser steht dann rechtlich den Orts- und Landarmenverbänden vollständig gleich.

Die Entscheidung von Streitsachen zwischen Armenverbänden, welche demselben Bundesstaate angehören, erfolgt nach den Bestimmungen der Landesgesetze; gehören die streitenden Armenverbände dagegen verschiedenen Bundesstaaten an, so bestimmt sich das Verfahren nach dem Gesetz über den Unterstützungswohnsitz in seinen §§ 38—51.

Grundsätzlich liegt die erstinstanzielle Entscheidung in der Hand der dem in Anspruch genommenen Armenverbande vorgesetzten Behörde, wobei im sonstigen die Zuständigkeit, der Instanzenzug und das Verfahren der Regelung durch Landesgesetze überlassen ist. Soweit nicht die Organisation oder örtliche Abgrenzung der einzelnen Verbände Gegenstand des Streites ist, findet gegen die Entscheidung der höchsten landesgesetzlichen Instanz Berufung an das Bundesamt für Heimatwesen mit dem Sitze in Berlin statt, dessen Entscheidung unanfechtbar ist.

Für die Art der zu gewährenden Unterstützung, dann auch das Maß der zu ersetzenden Kosten ist das Landesrecht allein entscheidend; grundsätzlich ist nur bestimmt, daß die Verwaltungskosten der Armenanstalten und besondere Gebühren für Hilfeleistung durch fest remunerierte Armenärzte nicht in Ansatz gebracht werden dürfen. Für häufiger vorkommende Aufwendungen, deren Betrag sich in Pauschquanten feststellen läßt, können Tarife aufgestellt werden, nach welchen dann die Berechnung bezw. Ersatzleistung erfolgt.

Demnach wäre anzunehmen, daß sich große Verschiedenheiten zeigen müßten, allein, wie später noch auszuführen sein wird, die Praxis des Lebens und die oberste Instanz — das Bundesamt — bilden ein hinreichendes Korrektiv.

Das System der Unterstützung selbst ist so geregelt, daß jeder Ortsarmenverband jeden Hilfsbedürftigen — Deutschen — unterstützen muß, und zwar definitiv auf seine Kosten, wenn der Unterstützte ihm angehört, vorläufig, wenn dies nicht der Fall ist; letzteren Falles hat der Armen-, Orts- oder Landarmen-Verband, welcher den Unterstützten zu übernehmen verpflichtet ist, Ersatz zu leisten. Für das Gesinde und für Gewerbegehilfen bestehen hinsichtlich der Ersatzpflicht gewisse Sonderbestimmungen, welche hier nicht von Belang, auch durch die Bestimmungen des Krankenversicherungsgesetzes ganz bedeutungslos geworden sind.

Welcher Armenverband den Bedürftigen zu übernehmen verpflichtet ist, bemißt sich nach § 31 des Gesetzes, welcher an Stelle des § 7 Abs. 2 des Freiz.-Ges. getreten ist. Übernahmspflichtig ist nämlich der nach § 30 zur Kostenerstattung verpflichtete Verband, und das ist für diejenigen Personen, welche einen Unterstützungswohnsitz haben, deren Ortsarmenverband, für die dagegen, welche einen Unterstützungswohnsitz nicht haben, der Landarmenverband, und zwar jener, in dessen Bezirk der Unterstützte sich beim Eintritt der Hilfsbedürftigkeit befand, oder wenn er im hilfsbedürftigen Zustande aus einer Straf-, Kranken-, Gebär- oder Heilanstalt entlassen wurde, derjenige Landarmenverband, aus welchem seine Einlieferung in die Anstalt erfolgt ist.

Hier liegt ein wesentlicher Unterschied gegen die Heimatgesetzgebung vor; während dort im wesentlichen — mit einigen, später noch zu berührenden Ausnahmen — streng am Heimatprincip und an der Unterstützung durch die Heimatgemeinde, wenn sie auch nur eine ersatzweise ist, festgehalten wird, tritt hier dann, wenn ein Unterstützungswohnsitz nicht besteht, ein Territorialprincip ein. Dieses Princip ist entschieden das weiteste, was es überhaupt geben kann: **definitive Unterstützungspflicht da, wo der Bedürftige sich aufhält.** — Es wird im weiteren über dieses Princip noch ein Näheres auszuführen sein.

Wie schon erwähnt, ist die Bestimmung über die Art und Höhe der Unterstützung der Landesgesetzgebung vorbehalten. Neben den schon genannten Einschränkungen nach dieser Richtung sind noch einige materielle Bestimmungen im Gesetze mitenthalten.

So kann nach § 32 der übernahmspflichtige Armenverband die Überführung des Bedürftigen in seine eigene Fürsorge verlangen, wobei er die Kosten der Überführung zu tragen hat, während er wiederum nicht für diejenigen Kosten aufzukommen hat, welche aus Verschulden des zur vorläufigen Unterstützung verpflichteten Verbandes durch Unterlassung oder Verzögerung der Überführung entstehen. Die Überführung, welche thatsächlich einer Ausweisung gleichkommt, auch wenn sie vom übernahmspflichtigen Verbande beantragt und betrieben wird, soll aber möglichst selten geschehen. Die Behörden der ersten Instanz sind verpflichtet, nach Anrufen einer der Parteien auf eine Einigung dahin zu wirken, daß dem Bedürftigen der Verbleib in seinem Aufenthaltsorte in der Weise ermöglicht wird, daß sein heimatlicher Armenverband ihn am Aufenthaltsorte beläßt gegen Gewährung eines dauernden oder zeitweiligen Unterstützungsbeitrages an diesen.

Wenn mit der Ausweisung Gefahr für Leben oder Gesundheit des Auszuweisenden oder seiner Angehörigen verbunden sein würde, oder wenn die Ursache der Erwerbs- oder Arbeitsunfähigkeit des Auszuweisenden durch eine im Bundeskriegsdienste oder bei Gelegenheit einer That persönlicher Selbstaufopferung erlittene Verwundung oder Krankheit herbeigeführt ist, oder endlich, wenn sonst die Wegweisung vom Aufenthalte mit **erheblichen Härten oder Nachteilen**[1] für den Auszuweisenden verbunden sein sollte, kann auch bei nicht erreichter Einigung das Verbleiben der auszuweisenden Person oder Familie in dem Aufenthaltsorte, gegen Festsetzung

---

[1] Dem bayerischen Gesetze und dem Freizügigkeitsgesetze ist diese humane Bestimmung fremd.

eines von dem verpflichteten Armenverbande zu bezahlenden Unterstützungsbetrages, durch die zur Entscheidung in erster Instanz zuständige Behörde des Ortsarmenverbandes des Aufenthaltsortes angeordnet werden.

Die Transportkosten treffen den ersatzpflichtigen Armenverband, sie werden als Teil der zu ersetzenden Kosten (der Unterstützung angesehen.

Ist ein Armenverband zur Zahlung der ihm endgültig auferlegten Kosten laut Bescheinigung der ihm vorgesetzten Behörde ganz oder teilweise außer Stande, so hat der Bundesstaat, welchem er angehört, entweder mittelbar oder unmittelbar für die Erstattung zu sorgen.

Die Unterstützungspflicht der öffentlichen Armenpflege ist eine subsidiäre. In erster Linie kommen die auf anderen Titeln beruhenden Verpflichtungen in Betracht: Familien-, Dienstverhältnis, Vertrag, Genossenschaft, Stiftung u. s. w. Nach Maßgabe solcher Verpflichtungen steht dem hilfeleistenden Armenverbande ein Ersatzanspruch kraft Gesetzes zu, wobei die Einrede, daß ein anderer Armenverband ersatzpflichtig sei, unzulässig ist.

Was Ausländer betrifft, so müssen diese vorläufig von demjenigen Ortsarmenverbande unterstützt werden, in dessen Bezirk sie sich beim Eintritt der Unterstützungsbedürftigkeit befinden. Zur Erstattung der Kosten beziehungsweise zur Übernahme des hilfsbedürftigen Ausländers ist derjenige Bundesstaat verpflichtet, welchem der Ortsarmenverband der vorläufigen Unterstützung angehört, mit der Maßgabe, daß es dem Bundesstaate überlassen bleibt, im Wege der Landesgesetzgebung diese Verpflichtung auf seine Armenverbände zu übertragen [1].

Der Zusammenhalt dieser Bestimmung mit der des § 61 Abs. I des Gesetzes ergiebt, daß die Bestimmungen des Unterstützungswohnsitzes Rechte und Verbindlichkeiten nur zwischen den zur Gewährung öffentlicher Unterstützung nach Vorschrift dieses Gesetzes verpflichteten Verbänden — Orts-, Landarmenverbände, Bundesstaaten — erzeugen, die Unterstützung von Ausländern [2] zwar inbezug auf die diesbezügliche Verpflichtung der einzelnen Verbände, eventuell derselben auch untereinander, durch das Gesetz geregelt wird, nicht jedoch die Ersatzpflicht hinsichtlich der Kosten für Unterstützung eines Ausländers. Vielmehr kommen, soweit die Unterstützung von Reichsländern in Frage steht, die diesbezüglichen Staatsverträge — siehe Anhang — in Betracht, und wo solche nicht bestehen, findet ein Ersatzanspruch überhaupt nicht statt — soweit aber Bayern und Reichsländer unterstützt werden, hinsichtlich der Kostenerstattungspflicht gemäß § 7 des Freiz.-Ges. der Gothaer Vertrag und sein Annexum, die Eisenacher Konvention.

Es ergiebt sich, daß es hinsichtlich der Ausländer bei den bestehenden

---

[1] Dieses geschah in Sachsen, Württemberg, Mecklenburg-Schwerin und Mecklenburg-Strelitz, Sachsen-Weimar, Braunschweig, Sachsen-Meiningen, Schwarzburg-Sondershausen und Reuß ä. L., und zwar auf die Landarmenverbände. Vgl. hierzu Krech, Unterst.-Wohns.-Ges., 3. Aufl. S. 201 ff. Grundsätzlich ist dasselbe in allen übrigen Staaten, Baden ausgenommen, nur der Form der Bestimmung nach verschieden, der Fall.

[2] D. h. von Nichtdeutschen, Reichsländern und Bayern.

Gesetzen und Verträgen sein Bewenden hat. Es findet also ein gegenseitiger Ersatz nur statt, soweit eine Unterstützung nicht wegen Krankheit und Transportunfähigkeit gewährt werden mußte oder Beerdigungskosten bezahlt wurden, dann soweit eine längere als dreimonatliche andere Unterstützung gewährt worden ist.

B. Die Unterstützung selbst.

Das Gesetz über den Unterstützungswohnsitz überläßt die Regelung des Armenunterstützungswesens in materieller Beziehung der Landesgesetzgebung. Es unterläßt auch, eine Bestimmung dahin zu treffen, wann die Unterstützungspflicht der Armenverbände einzutreten hat oder mit anderen Worten eine Begriffsbestimmung der Hilfsbedürftigkeit zu geben. Damit ist zum Ausdruck gebracht, daß diese Frage, deren Regelung naturgemäß von den verschiedensten lokalen Verhältnissen abhängt, dieser ihrer Natur nicht entkleidet werden soll, und anerkannt, daß dieselbe unbeschadet des zu erreichenden Zweckes von der Landesgesetzgebung beantwortet werden kann, welche leichter als das Reichsrecht sich den Verschiedenheiten inbezug auf den Begriff und das Maß der Unterstützungsbedürftigkeit anzupassen vermag. So ist die ganze Materie in den einzelnen Bundesstaaten durch **Ausführungsgesetze** geordnet worden.

Im einzelnen bestimmt das preußische Ausführungsgesetz, daß jedem hilfsbedürftigen Deutschen von dem zu seiner Unterstützung verpflichteten Armenverbande Obdach, der unentbehrliche Lebensunterhalt, die erforderliche Pflege in Krankheitsfällen und im Falle des Ablebens ein angemessenes Begräbnis zu gewähren ist. Die Unterstützung kann geeigneten Falles, solange dieselbe in Anspruch genommen wird, mittels Unterbringung in einem Armen- oder Krankenhause, sowie mittels Anweisung der den Kräften des Hilfsbedürftigen entsprechenden Arbeiten außerhalb oder innerhalb eines solchen Hauses erfolgen. Gebühren für die einem Unterstützungsbedürftigen geleisteten Amtshandlungen sind die Armenverbände zu entrichten nicht verbunden. Hierzu ist bezüglich der Ausländer zu bemerken, daß diese, solange ihnen der Aufenthalt im Inlande gestattet wird, sowohl inbezug auf Art und Maß der im Falle der Hilfsbedürftigkeit zu gewährenden Unterstützung, als auch inbezug auf Erwerb und Verlust des Unterstützungswohnsitzes, ebenso wie Deutsche behandelt werden sollen. Auf den Antrag des Armenverbandes, der einen Hilfsbedürftigen unterstützen muß, können durch einen mit Gründen versehenen Beschluß der Verwaltungsbehörde nach Anhörung der Beteiligten der Ehemann, die Ehefrau, die ehelichen Eltern, die uneheliche Mutter, sowie die ehelichen Kinder, und in Beziehung auf die Mutter die unehelichen Kinder angehalten werden, dem Hilfsbedürftigen nach Maßgabe ihrer gesetzlichen Verpflichtung die erforderliche laufende Unterstützung zu gewähren. Auch können bereits verausgabte Unterstützungen, jedoch, soweit es sich nicht um Erstattungen durch einen anderen Armenverband handelt, nur im gerichtlichen Verfahren eingefordert werden. Der Arme kann einen Anspruch auf Unterstützung gegen einen Armenverband niemals im Rechtswege, sondern nur bei der Verwaltungsbehörde geltend machen, in deren

Pflicht es liegt, keine Ansprüche zuzulassen, welche über das Notbürftige hinausgehen.

Die gesetzlichen Bestimmungen der übrigen Staaten stehen mit diesen preußischen im Einklang oder weichen doch nur in untergeordneten Punkten von denselben ab, u. a. darin, daß die Kosten für hilfsbedürftige Ausländer in einigen kleineren Staaten stets vom Landarmenverbande zu tragen sind. Teilweise aber enthalten sie über manche Punkte eingehendere Vorschriften, die hier nicht unbeachtet bleiben sollen. So ist in mehreren Landesgesetzen darauf hingewiesen, daß öffentliche Armenunterstützungen grundsätzlich als Vorschüsse zu betrachten seien, welche von dem Unterstützten, sofern er dazu später in die Lage kommen sollte, zurückerstattet werden müssen, bezw. deren Erstattung von ihm zu fordern der Armenverband berechtigt sei. Hierbei sind in Oldenburg und Mecklenburg insofern Beschränkungen statuiert, als dort sich derartige Erstattungsansprüche nur auf die nach zurückgelegtem 18. Lebensjahre gewährten Unterstützungen zu beziehen haben, und in den mecklenburgischen Großherzogtümern Unterstützungen, welche an Kinder unter 14 Jahre erteilt sind, von diesen selbst nicht zurückgefordert werden sollen. Ferner wird der Begriff der Hilfsbedürftigkeit, welcher reichsseitig nur im Freizügigkeitsgesetze bestimmt ist, durch das oldenburgische Gesetz noch besonders definiert: Als Hilfsbedürftige sind danach nur diejenigen Personen anzusehen, welche dauernd oder vorübergehend außer Stande sind aus eigenen Mitteln oder durch eigene Kräfte sich das zur Erhaltung des Lebens und der Gesundheit Unentbehrliche selbst zu beschaffen, auch dasselbe nicht durch andere zur Leistung desselben privatrechtlich Verpflichtete erhalten können. Eine Verweisung an dritte Verpflichtete ist jedoch — und dies auch nach ausdrücklicher Vorschrift des württembergischen Armengesetzes — nicht zulässig, wenn der Unterstützte sich in einer Lage befindet, welche alsbaldige Hilfe erfordert. In manchen Staaten wird sodann unter den Verpflichtungen der Armenverbände auch die Fürsorge für Kindererziehung aufgeführt, wobei aber zum Beispiel in Württemberg die gesetzlich vorgeschriebene Freilassung armer Kinder vom Schulgeld nicht als öffentliche Unterstützung gilt. Endlich sei noch erwähnt, daß die sächsische Armenordnung es ausdrücklich als eine weitere Aufgabe der Armenpflege bezeichnet, der Verarmung einzelner Individuen, so viel möglich, zuvorzukommen, und daß zur Erreichung dieser Aufgabe die Behörden verpflichtet sind, für Beschaffung lohnender Arbeit für arbeitswillige und fähige, aber arbeitslose Arme Sorge zu tragen, und denjenigen, welche durch häusliche oder persönliche Unfälle in vorübergehenden Notstand versetzt werden, unter solchen Umständen zeitigen Beistand zu leisten; der mit Aufwand verbundene Besuch öffentlicher Vergnügungsorte und die Verwendung des Empfangenen zu entbehrlichen Genüssen ist Unterstützten verboten.

Das gegenseitige Verhältnis zwischen Orts- und Landarmenverbänden inbetreff der Unterstützungspflicht ist territorial nur in einzelnen Punkten gleichmäßig oder nahezu gleichmäßig geregelt. Dies ist zunächst der Fall hinsichtlich der Kosten, welche für die Unterstützung der aus dem Auslande zu übernehmenden hilfsbedürftigen Deutschen erwachsen; dieselben sind fast überall den Landarmenverbänden übertragen, und zwar dort, wo deren mehrere bestehen, demjenigen, innerhalb dessen der Hilfsbedürftige seinen letzten Unterstützungswohnsitz gehabt hat, beziehungsweise wenn dieser Unterstützungswohnsitz sich nicht ermitteln läßt, demjenigen Landarmenverbande, in dessen Bezirk die Hilfsbedürftigkeit hervorgetreten ist. In Lippe jedoch werden derartige Personen einem der Ortsarmenverbände, die hier, wie vorhin angegeben, ungewöhnlich großen Umfanges sind, zur Aufnahme und Gewährung der nötigen Unterstützung überwiesen. Einige Gleichmäßigkeit waltet ferner in der Beziehung ob, daß durchgehends die Landarmenverbände verpflichtet sind, denjenigen ihrem Bezirke angehörenden Ortsarmenverbänden, welche durch Erfüllung der ihnen obliegenden Verpflichtungen überbürdet werden, eine Beihilfe zu gewähren. Über den Eintritt und das Maß der Beihilfe, welche mittels Geldleistung oder auch in anderer geeigneter Weise, z. B. mittels Bereitstellung von Pflegeanstalten geleistet werden kann, entscheidet in Preußen nach Anhörung des Kreistages endgültig die Deputation für das Heimatwesen, zu deren Sprengel der betreffende Ortsarmenverband gehört; in anderen Staaten entscheiden darüber die Kommunalaufsichtsbehörden. In Württemberg verpflichtet die Gewährung einer Beihilfe die betreffenden Ortsarmenverbände, die öffentliche Armenpflege nach den Weisungen des Oberamtes einzurichten und giebt den Landarmenbehörden die Befugnis, von der Verwaltung des Armenwesens in jenen Ortsarmenverbänden jederzeit Einsicht nehmen zu lassen und die Abstellung der vorgefundenen Mängel beim Oberamte zu beantragen. Übrigens werden solche Beihilfen allgemein nur in seltenen Fällen in Anspruch genommen, und sind auch die für diesen Zweck ausgeworfenen Summen meist sehr geringe.

Größere praktische Bedeutung hat die von der Mehrzahl der Staaten getroffene Bestimmung, wonach die Landarmenverbände befugt sind, diejenigen Kosten der öffentlichen Armenpflege, welche aus der Fürsorge für Geisteskranke, Idioten, Sieche, Taubstumme und Blinde entspringen, unmittelbar zu übernehmen. In dieser Beziehung herrschen aber mannigfaltige Besonderheiten. Treten schon innerhalb eines und desselben Staates Verschiedenheiten auf, insofern nicht alle Landarmenverbände desselben im gleichen Umfange von jener Befugnis Gebrauch machen, so noch mehr zwischen den einzelnen Staaten. Für Preußen erleidet die angeführte Bestimmung dadurch eine Einschränkung, daß Kreise oder Armenverbände, welche für einen der bezeichneten unmittelbar zu übernehmenden Zweige der Armenpflege bis dahin in ausreichender Weise gesorgt haben, nicht gegen ihren Willen verpflichtet werden können, an der betreffenden Einrichtung des Landarmenverbandes teilzunehmen oder zu den Kosten desselben beizutragen. Auch auf die aus mehreren Gemeinden oder Gutsbezirken zusammengesetzten Kommunalverbände (Bürgermeistereien, Ämter, Samtgemeinden), sowie auf die Amtsbezirke und Kreise findet übrigens die fragliche Bestimmung hier Anwendung; diese Verbände können überdies die Fürsorge für Kranke unmittelbar übernehmen.

In Württemberg werden insbesondere die Kosten für Geisteskranke teils von den Landarmenverbänden unmittelbar getragen, teils den Ortsarmenverbänden ganz oder zu bestimmten Quoten aus der Landarmenkasse ersetzt; doch auch für die übrigen der in Rede stehenden Kategorien von Hilfsbedürftigen (und zwar hier für die geistesschwachen oder an Epilepsie oder ähnlichen Krankheiten leidenden Personen, für verwahrloste Kinder, für Taubstumme und Blinde) übernehmen viele Landarmenverbände die unmittelbare Fürsorge.

Ähnlich wie in Württemberg bezüglich der Geisteskranken, fallen in mehreren anderen Staaten die Aufwendungen für diese und die sonstigen Hilfsbedürftigen zu einem Teile dem Orts=, zum anderen den Landarmenverbänden zur Last. So in Sachsen=Weimar, wo eine in ihren finanziellen Wirkungen sehr erhebliche Beihilfe des Staates zur Armenversorgung stattfindet, indem die unterstützungsweise Leistung der Staatskasse u. a. durch die staatlichen Waisenverpflegungs= und Pensionsanstalten 2c., sowie durch die Übernahme des Aufwandes für die Verpflegung hilfsbedürftiger Geisteskranker in einer Landesirrenanstalt oder sonstiger hilfsbedürftiger Kranker in einem Landkrankenhause eintritt. Insbesondere finden Geisteskranke, für welche Heilung oder Linderung zu hoffen ist, in einer Heilanstalt, andere Kranke in Landkrankenhäusern eventuell unentgeltliche Aufnahme; unheilbare Geisteskranke werden in einem Hospital bei gänzlicher Armut zur Hälfte auf Kosten des Staates, zur anderen Hälfte der verpflichteten Gemeinde verpflegt; bei sehr überlasteten Gemeinden kann der Staat bis zu dreiviertel der Kosten eintreten; die Kosten der Unterbringung von Kindern im Blinden= und Taubstummen=Institut werden im Falle des Unvermögens der alimentationspflichtigen Verwandten von den Schulgemeinden getragen, bei Überlastung der Gemeinden jedoch ganz oder zum Teil auf die Staatskasse übernommen; zum Pflegegelde für verlassene oder verwahrloste Kinder, welche in das für dieselben vorhandene staatliche Institut aufgenommen sind, leisten im Falle der Dürftigkeit die Gemeinden Beiträge; der Waisenpflege dient eine staatliche, aus eigenen Fonds und ihr überwiesenen Abgaben erhaltene Waisenversorgungsanstalt für arme, nicht unter 6 Jahre alte vater= oder elternlose Kinder. —

In Braunschweig werden bei Unterbringung von Kranken, Geisteskranken, Idioten, Blinden, Taubstummen und Waisen in staatlichen oder Privatanstalten von den Kreisen teils Beihilfen zu den grundsätzlich von den Gemeinden zu tragenden Unterhaltungskosten gewährt, deren Höhe in den Kreisen und nach der Art der Anstalten wechselt, teils werden die sämtlichen Kosten direkt auf die Kreiskommunalkasse übernommen. —

In Anhalt unterhält der Landarmenverband eine Land=, Heil= und Pflegeanstalt für Geisteskranke, eine Landes=Siechenanstalt zur Aufnahme von Blödsinnigen. Idioten, Epileptischen 2c. und eine Taubstummenanstalt, deren Benutzung auch den inländischen Ortsarmenverbänden gegen bestimmte Verpflegungssätze, sofern ihnen nicht die Verpflegungsgelder nachgelassen werden, offensteht; die Kosten für die Erziehung von Blinden und Idioten trägt der Hauptsache nach der Landarmenverband, zu einem Teile der betreffende Ortsarmenverband, ebenso die für die Erziehung von verwahrlosten Kindern, soweit hierfür nicht die zu dem Zwecke vorhandenen selbständigen Stiftungen eintreten. —

In Schwarzburg=Sondershausen werden die Kosten der Unterbringung und des Unterhalts mittelloser Geisteskranker von den betreffenden Bezirken (Landratsämtern) aufgebracht, die in einzelnen Fällen auch die Unterbringung

mittelloser Blinder, Taubstummer, Epileptischer, taubstummer Kinder 2c. in ge=
eigneten Anstalten übernehmen, während im übrigen die Fürsorge für diese
Personen Sache der Gemeinden ist. —

Dagegen haben in Sachsen=Meiningen die Kreise gegenüber den Orts=
armenverbänden, welche zu ihnen gehören, die Verpflichtung, die Kosten der
öffentlichen Armenpflege, welche die Unterbringung Geisteskranker, Idioten,
Taubstummer und Blinder in Heil=, Pflege= und Unterrichtsanstalten ver=
ursacht, unmittelbar zu übernehmen; bezüglich der Kosten, welche die Fürsorge
für Kranke und Sieche erfordert, haben sie zu deren Übernahme Befugnis. —

Im Gebiete des Domaniums von Mecklenburg=Schwerin werden gewisse
Kosten der Armenpflege, welche einer einzelnen Gemeinde oder Ortschaft er=
wachsen sind, nämlich die der Verpflegung von Kranken in öffentlichen
Heilanstalten, der Verwahrung gemeingefährlicher Geisteskranker in Irren=
häusern und Hospitälern, des Unterrichts von bildungsfähigen Idioten, Blinden
und Taubstummen in öffentlichen Anstalten 2c. auf sämtliche Gemeinden des
betreffenden Amtes repartiert. —

Für das Gebiet der freien Stadt Lübeck sind die Leistungen an Ver=
pflegungsgeldern für unbemittelte Irre, sowie die Zahlungen für Unterbringung
unbemittelter, bildungsfähiger, in jugendlichem Alter stehender Taubstummer,
Blinder und Idioten in den betreffenden Bildungsanstalten dem Landarmen=
verbande zugewiesen. —

Innerhalb des Großherzogtums Oldenburg bildet im Herzogtum die Für=
sorge für hilfsbedürftige Geisteskranke, Idioten, Taubstumme und Blinde
eine Angelegenheit der Amtsverbände, in den Fürstentümern Lübeck und
Birkenfeld verpflichten die gesetzlichen Bestimmungen ebenfalls den betreffen=
den Landarmenverband zu solcher Fürsorge, beschränken jedoch für Birken=
feld diese Pflicht bezüglich der Taubstummen und Blinden auf die Kosten
des Unterrichtes und der Ausbildung von Kindern und fordern für Lübeck
die Unterhaltung, Erziehung und Heilung der gedachten Leidenden bloß dann,
wenn sie Anstalten zu überweisen sind, rücksichtlich der bedürftigen Geistes=
kranken freilich auch außerhalb der Anstalten, falls ihr Zustand gemeingefähr=
licher Art ist. —

Es herrscht sonach in Ansehung des Umfanges, in welchem die
Landarmenverbände die „außerordentlichen" Aufwendungen für Orts=
arme tragen, eine derartige Mannigfaltigkeit, daß sich selbst Gruppen
von Staaten mit gleichen Verhältnissen nicht unterscheiden lassen. Nur das
läßt sich im allgemeinen sagen, daß die volle oder teilweise Übernahme der
durch solche Unterstützungen entstandenen Kosten auf Landarmenverbände oder
sonst auf größere Bezirke, auch wo denselben hierzu nicht gerade die gesetz=
liche Verpflichtung auferlegt sondern nur die Befugnis hierzu erteilt ist, fast
überall die Regel bildet.

Soweit Landarmenanstalten errichtet sind, müssen nach gesetzlicher Vor=
schrift in Preußen und mehreren kleineren Staaten, die Landarmenverbände
in denselben, soweit es der Raum gestattet, gegen Entschädigung die gesetzlich
der Fürsorge der Ortsamenverbände anheimfallenden Personen auf Antrag
dieser Verbände aufnehmen. Hierzu tritt in Württemberg die Bestimmung,
daß andererseits die Ortsarmenverbände, welche selbst keine geeigneten Ein=

richtungen für die von jenen Anstalten verfolgten Zwecke besitzen, verbunden sind, dieselben auf Verlangen der Landarmenverwaltung gegen Zahlung der statutenmäßigen Beiträge zu benutzen. Ebenso haben in Oldenburg die Ortsarmenverbände neben der Berechtigung zugleich die Verpflichtung zur Benutzung solcher Einrichtungen, wie namentlich der Armen= und Krankenhäuser des Amtsverbands.

Wie im gewissen Umfange die Landarmenverbände oft an der zunächst den Ortsarmenverbänden obliegenden Armenpflege beteiligt sind, so können sich auch, nach der Gesetzgebung mancher Staater, mehrere Armenverbände zur gemeinsamen Bestreitung der Kosten einzelner besonderer Zweige der öffentlichen Armenpflege vereinigen. Solche Specialverbände finden sich in einigen preußischen Landesteilen. In Sachsen, wo schon früher mehrere Ortsarmenverbände associationsweise zu Bezirksarmenvereinen zusammengetreten waren, ist seit der Vereinigung der Orte einer Amtshauptmannschaft zu einem Bezirksverbande die Aufgabe, neben der Ortsamenpflege gemeinschaftliche Einrichtungen für Armenzwecke zu treffen, auf die Bezirksverbände übergegangen, welche zur Betreibung der Bezirksangelegenheiten mit einem Bezirksvermögen und dem Besteuerungsrecht ausgestattet sind; fast alle sind seitdem mit Bezirksanstalten zur Aufnahme sowohl Versorgungsbedürftiger als auch Arbeitsscheuer versehen.

In Württemberg können die Orts= wie die Landarmenverbände sich mit anderen gleichartigen Verbänden zur Gründung und Unterhaltung von Armenanstalten vereinigen, doch ist von dieser Befugnis nur ganz vereinzelt Gebrauch gemacht worden.

Auch in anderen Staaten (so in Oldenburg, Braunschweig, Anhalt) können Specialverbände eingerichtet werden, sei es in der Weise, daß sich die Gemeinden mit anderen zusammenthun, sei es, daß die Kreise, Amtsbezirke ꝛc. Kreiskrankenhäuser errichten, oder überhaupt gemeinsame Anordnungen zur Armenfürsorge treffen.

Hin und wieder erfahren in Staaten, die eine Anzahl von Landarmen= verbänden umfassen, die Armenverbände dadurch einige Erleichterung, daß der Staat einen Teil der Fürsorge für Hilfsbedürftige ausübt. So werden namentlich in Hessen die Gesamtkosten des Unterhalts und der Erziehung armer Waisen vom Staate getragen nnd für Blinde, Taubstumme, Geisteskranke und Idioten staatliche Anstalten gegen Entrichtung mäßiger Beiträge zur Verfügung gestellt. In Württemberg bieten die staatlicherseits wie auch von der freien Vereinsthätigkeit ins Leben gerufenen mannigfaltigen Anstalten für geisteskranke, schwachsinnige, gebrechliche, überhaupt kranke, sowie verlassene und sonst hilflose Personen eine wesentliche Ergänzung der Einrichtungen der Armenverbände, indem sie den Hilfsbedürftigen teils unentgeltliche Verpflegung zukommen lassen, teils gegen mäßige Verpflegungssätze den Armenverbänden zur Benutzung offen lassen, sodaß letztere dadurch der Notwendigkeit, eigene Anstalten für solche speciellen Zwecke zu gründen, überhoben werden. Gleiches gilt von den auf Rechnung einer Reihe von württembergischen Amtskörperschaften errichteten und betriebenen Bezirkskrankenhäusern, die eigentliche Landarmenanstalten nicht sind, in denen aber die der Fürsorge der Armenverbände anheimgefallenen Kranken Aufnahme und Verpflegung finden. Auch der badische Staat fördert die Armenpflege durch Heil- und Pflegeanstalten, die er zur Verfügung stellt, und durch Gewährung von Beiträgen an Vereinsanstalten dieser Art. Endlich wird die Armenpflege wohl überall durch die kirchliche und private, nicht selten auch insbesondere durch Stiftungen für einzelne Orte und für größere Gebietsteile in mehr oder minder umfassender Weise entlastet. Ebenso ist durch die gesetzliche Kranken- und Unfallversicherung eine solche Entlastung herbeigeführt.

Nicht unerwähnt ist die Einrichtung der Naturalverpflegung der armen Reisenden, die sich in mehreren Teilen des Reichs ausgebildet hat. Es wird hierüber aus Württemberg berichtet, wie die Überhandnahme des Vagantentums im Anfange der 1880er Jahre und die dadurch hervorgerufene Belästigung der Bevölkerung Veranlassung gab, die Verabreichung der früher vielfach üblichen Ortsgeschenke an arme Reisende einzustellen und dafür Einrichtungen zu treffen, wonach jenen Personen anstatt der früheren Geldgaben Nachtquartier und angemessene Verköstigung unentgeltlich gereicht wurde. Diese Einrichtung hatte den Vorteil, daß sie den früher üblichen Mißbrauch der Unterstützungen, welche oft gewerbsmäßig eingesammelt wurden und eine ansehnliche Erwerbsquelle bildeten, unmöglich machte oder doch einschränkte. Allein man erkannte bald, daß die neue Einrichtung nur dann von Erfolg begleitet sei, wenn sich dieselbe über ein möglichst großes Gebiet gleichmäßig verbreite, wenn ferner das Publikum sich der Verabreichung von Geldalmosen an die Reisenden neben derselben konsequent enthalte, und wenn endlich ein möglichst strenges Einschreiten gegen Bettler und Landstreicher damit Hand in Hand gehe. Dem entsprechend wurden Maßregeln zur Bekämpfung des Vagantentums getroffen, welche die aus dieser Erkenntnis zu ziehenden praktischen Konsequenzen soweit zur Verwirklichung bringen sollten, als dies durch die Thätigkeit der Behörden möglich ist, dabei wurde ein besonderer Nachdruck darauf gelegt, daß a) die Verpflegung nicht in jeder Gemeinde gereicht, sondern nur einzelne, je 2—3 Stunden voneinander entfernte Verpflegungsstationen eingeführt werden, um dem Mißbrauch der Einrichtung möglichst zu begegnen; b) der Verabreichung der Verpflegung eine möglichst sorgfältige Prüfung der Persönlichkeit des Reisenden vorausgehe, um etwaige Landstreicher unter ihnen zu entdecken und der Polizeibehörde zur Bestrafung zu übergeben; c) die Verpflegung selbst möglichst einfach gehalten, geistige Getränke dabei unbedingt ausgeschlossen und ihre Gewährung, soweit möglich, von einer entsprechenden Arbeitsleistung abhängig gemacht werde; d) mit der Verpflegsstation womöglich eine Arbeitsnachweisstelle verbunden werde. Nach diesen Grundsätzen wurde die Naturalverpflegung im größeren Teile von Württemberg auf Rechnung der Amtskörperschaften eingeführt. Die Einrichtung trägt einen mehr polizeilichen Charakter, und es ist denn auch die Gewährung von Naturalverpflegung hier nie als Armenunterstützung im gesetzlichen Sinne angesehen und behandelt worden. Derartige Naturalverpflegungsstationen finden sich auch in anderen Gebietsteilen. In Sachsen haben die Bezirksverbände ihre Gründung in die Hand genommen.

Ähnlich wie diese Naturalverpflegungsstationen stehen die in neuerer Zeit mehrfach begründeten Arbeiter-Kolonien zum Armenwesen in einer gewissen Beziehung, insofern sie Personen, die sonst der öffentlichen Armenpflege anheim fallen würden, Beschäftigung und Erwerb zuteil werden lassen und damit auf die Vorbeugung einer Verarmung hinwirken.

Schließlich ist an dieser Stelle einer Nebenpflicht zu gedenken, die in verschiedenen Staaten, insbesondere in Preußen, Württemberg und Sachsen-Altenburg, den Landarmenverbänden in der Hinsicht auferlegt ist, daß sie die auf Grund des § 361 Ziff. 3—8 des Strafgesetzbuches verurteilten und nach verbüßter Strafe der Landespolizeibehörde überwiesenen Personen (Landstreicher, Bettler, Arbeitsscheue, unzüchtige Weibspersonen 2c.) auf dahin gehenden Beschluß dieser Behörde in einem Arbeitshause unterzubringen, bezw. die durch solche Unterbringung (in Württemberg auch die durch die Unterbringung jugendlicher Verbrecher in einer Erziehungs- und Besserungsanstalt) entstehenden Kosten zu tragen haben. In Mecklenburg-Schwerin hat das Landarbeitshaus neben seiner Bestimmung als Landarmenanstalt zugleich die einer Korrektionsanstalt für Landstreicher und Bettler. Von den oldenburgischen Landarmenverbänden ist der des Fürstentums Birkenfeld zur Unterbringung von Armen in einer Zwangsarbeitsanstalt verpflichtet, während im Herzogtum Oldenburg diese Aufgabe durch besondere Stiftungen und Anstalten wahrgenommen wird.

C. Verhältnis zwischen Bayern und den Reichslanden.

Was die Unterstützung, und zwar die gegenseitige, von Bayern im Gebiete des Unterstützungswohnsitzes und umgekehrt anbelangt, so ist hier auf die Ausführungen im I. Abschnitte lit. C schlechtweg zu verweisen.

Bezüglich der Unterstützung von Reichsländern im Gebiete des Unterstützungswohnsitzes gilt das Gleiche; über die Unterstützung von Nichtreichsländern (Altdeutschen) in den Reichslanden wird im 3. Abschnitte das Nähere erörtert werden.

Das Endergebnis ist trotz der Verschiedenheiten in den Formen und Einrichtungen das Gleiche wie bei Bayern: Im Gebiete des Unterstützungswohnsitzgesetzes hat jeder Hilfsbedürftige jedweder Staatsangehörigkeit von Gesetzes wegen Anspruch auf Armenschutz und die gesetzliche Gewißheit, daß die zu seiner Unterstützung erforderlichen Mittel vorhanden sind.

Vergleichende und kritische Betrachtungen.

Aus der Betrachtung der beiden in Deutschland vorherrschenden Systeme der Armenpflege ergiebt sich zunächst, daß eine so große Verschiedenheit der beiden, wie sie gemeinhin angenommen wird, thatsächlich nicht besteht. Insbesondere, was die wechselseitige Unterstützung von Hilfsbedürftigen anlangt, so besteht im Princip ein Unterschied in den beiden Rechtsgebieten überhaupt nicht. Beide Systeme sorgen, wie dargelegt, grundsätzlich in gleicher

Weise für den fremden Armen, wie für den einheimischen. Wenn auch in der Praxis je nach dem größeren oder geringeren Grade vorhandener Humanität und Einsicht, nach der größeren oder geringeren Leistungsfähigkeit Unterschiede vorkommen, und da und dort die Fürsorge für einen fremden Bedürftigen eine etwas kärgliche sein mag, so ist daran nicht allzuviel gelegen; denn erstlich ist daran festzuhalten, daß eine Armenunterstützung nur das unbedingt Notwendige bieten darf, sodann aber geschieht durch solche Verschiedenheiten dem Princip kein Eintrag, und es genügt, wenn der Bedürftige das Bewußtsein hat, daß für ihn gesorgt ist, und die Allgemeinheit hat das Ihrige gethan, wenn sie für jeden Bedürftigen sorgt. Dank der menschlichen Ungenügsamkeit werden die Klagen, daß die Unterstützungen zu gering seien, niemals verstummen; aber für Krankheitsfälle und überhaupt für alle diejenigen Fälle, in welchen es sich um Leben und Gesundheit handelt, ist, wie ausgeführt, besonders infolge der Fortschritte der öffentlichen Gesundheitspflege nicht bloß in dem Maße gesorgt, daß das Notdürftige gewährt wird, sondern vielmehr so, daß möglichst allen Anforderungen entsprochen wird, welche von einer richtigen Gesundheitspflege billigerweise gestellt werden können. Darüber hinaus sollte freilich nicht gegangen werden. Bei der und jener Armenpflege wird schon manche Apothekerrechnung Kopfschütteln erregt haben, welche vielleicht Dinge enthält, die man sonst nur auf den Speise- und Weinkarten von Hotels ersten Ranges zu lesen gewohnt ist. Lieber aber ein bißchen zu viel als zu wenig!

Der stärkste Schutz für den Bedürftigen liegt jedenfalls in der bei beiden Systemen getroffenen Anordnung, daß die Kosten für die Unterstützung Fremder — Ausländer — nur von einem großen Verbande getragen werden müssen, und zwar grundsätzlich von der betreffenden Staatskasse[1]. Damit wird einerseits der Bedürftige dagegen geschützt, daß bei der Unterstützung zu große Sparsamkeit geübt wird, anderseits ist wieder durch die staatliche Kontrolle einer Ausbeutung der Staatskasse bezw. der Kasse der betreffenden Armenverbände vorgebeugt. Dazu kommt, daß übertriebene Ausgaben sich in der Höhe des Steuersolls unfehlbar am eigenen Leibe der Sünder rächen müßten.

Die letzteren Erwägungen führen sofort zu der Frage, ob es denn nicht angezeigt wäre, den Eingeborenen oder Eingesessenen mit dem Fremden vollständig gleichzustellen, denn, kann man sagen, was dem Fremden recht ist, muß doch dem Einheimischen mindestens billig sein! Warum soll der Einheimische des Vorteils, daß die Frage seiner Unterstützung von einem großen Verbande, also jedenfalls nach etwas größeren Gesichtspunkten geregelt wird, nicht teilhaftig werden dürfen, wenn diesen doch der Fremde genießt, warum soll er in seiner Bedürftigkeit immerfort der Engherzigkeit seiner Heimat- oder Wohnsitzgemeinde anheimgegeben sein und sich damit zufrieden geben, von

---

[1] Im Gebiete des Unterstützungswohnsitzes mit der Maßgabe, daß diese Verpflichtung auch auf die Armenverbände, d. h. auch auf die Ortsarmenverbände übertragen werden kann; von welcher Befugnis überall, mit Ausnahme von Baden, Gebrauch gemacht wurde. In Bayern hat nur die Staatskasse aufzukommen.

deren kärglicher Unterstützung sein elendes Dasein zu fristen, während andere, welche noch in letzter Stunde sich in einer gut situierten Gemeinde einen Unterstützungswohnsitz oder ein Heimatrecht zu erwerben in der Lage waren, sich der allen modernen Anforderungen entsprechenden Einrichtungen der mittel- oder großstädtischen Armenpflege erfreuen?

Warum? fragt der Arme, der mit Neid zusieht, wie der Fremde, der wegen eines geringen Übels nicht weiter kommen kann, ohne viele Umstände dem Distriktskrankenhause zugeführt wird und dort eine behagliche Stätte zur Heilung und Erholung findet, während ihm dieses Paradies auch bei schlimmeren Leiden verschlossen bleibt. Freilich, für den Fremden zahlt ja nicht die Gemeinde, das zahlt ja der Staat, und der hat mehr Geld als die Gemeinde, denkt der Arme; und so denkt die Gemeinde auch, indem sie hinzufügt: Mitbezahlen muß ich unter allen Umständen, und das, was für den Fremden auf mich trifft, das kann ich sehr wohl vertragen, denn es ist für mich nur ein Minimum; uud sollten wir das Mehr wirklich ein bißchen spüren, nun, das bringen wir schon irgendwo wieder herein, wird weiter gefolgert. Wahrscheinlich halt wieder an mir, sagt der arme Einheimische resigniert und schickt sich an, seinen Magen noch etwas mehr zuzuschnüren.

Wohin kommt unter solchen Umständen das Gefühl für die Heimat, welche die Wiege der schönsten Beziehungen des Lebens sein soll!

Man wendet mir ein, ich sehe zu schwarz; einzelne Vorkommnisse kämen für das Princip nicht in Betracht. Der Arme hat sein Beschwerderecht. Leistungsunwillige Gemeinden können durch Zwangsmaßregeln angehalten und leistungsunfähige durch die im Gesetze vorgesehene Hilfe der größeren Verbände unterstützt werden. Ich frage: ist denn etwa dieser Zustand ideal, wenn dem Fremden sein Recht ohne weiteres in den Schoß fällt, während der Einheimische es sich erst erstreiten muß? Ist es ideal und human, wenn der verarmte Einheimische, für welchen, wenn er durch Schicksalsschläge niedergebeugt, an anderer Leute Tisch zu essen gezwungen ist, ohnehin schon jeder Bissen mit Wermut getränkt ist, durch fortgesetzte Verweigerung dessen, was ihm nottut, von Beschwerde zu Beschwerde gedrängt und dadurch in den Augen seiner freundlichen Gönner zum Querulanten gestempelt wird, während der Fremde als zwar nicht gern gesehener, aber doch als Gast behandelt wird? Welche furchtbare Härte in der armenpolizeilichen Aus- und Heimweisung oft liegt, das weiß jeder, welcher auf dem Gebiete des Armenwesens überhaupt Erfahrungen besitzt. Man kann es erleben, von den Leuten auf den Knien gebeten zu werden, sie nur nicht in ihre Heimat zu schaffen. Viele fürchten ihre Heimat! Darunter mögen solche sein, bei welchen dies aus rein egoistischen Gründen der Fall ist, weil sie glauben, sich nicht satt essen zu können, andere mögen ein schlechtes Gewissen haben und gerechtfertigte Vorwürfe scheuen, andere wieder wird ein wahres und tiefes Schamgefühl überkommen und wieder andere werden die Heimat als — die Fremde fürchten, denn sie ist ihnen fremd geworden, und sie im Wege der armenpolizeilichen Verfügung in die Heimat schicken, heißt nichts anderes, als sie in die Fremde hinausstoßen.

Es scheint mir vollkommen verfehlt, das Recht der Heimat auf das Ideal der Heimat gründen zu wollen. Wer's nicht glaubt, der frage nach, und er wird erfahren, daß derjenige, welcher in guten Verhältnissen lebt und der Hilfe in seiner Heimat nicht bedarf, seine Heimat nicht um deswillen liebt, weil er im Notfalle in ihr Unterstützung findet, sondern weil er in ihr die Stätte seiner Kindheit liebt, weil er in ihr sein Elternhaus weiß, und der rosige Schimmer der am tiefsten ins Herz eingegrabenen Erinnerung an die sorgenfreien Jugendjahre ihr und ihrem Gedenken all den Zauber verleiht, welcher für den erhabenen Gefühlen noch zugänglichen Menschen in dem Worte Heimat liegt. Dieses Ideal aber lebt auch da, wo es keine gesetzliche Heimat giebt.

Ein anderer aber nennt seine Heimat in ganz anderem Sinne; der Leichtsinnige und der Verkommene sagt: Meine Heimat muß mich ernähren, während der bedauernswerte Schiffbrüchige seufzt: Meine Heimat muß mich ernähren! Bei der großen subjektiven Verschiedenheit der beiden letzteren Auffassungen herrscht doch gleicherweise der Rechtsgedanke vor, und es läßt sich überhaupt nicht leugnen: der ideale Name Heimat birgt, wie schon oben gezeigt, heutzutage nur mehr einen nackten Rechtsbegriff.

Man hat die Unhaltbarkeit der Lage in Bayern erkannt und unter scheinbarer Aufrechterhaltung des Principes mit demselben thatsächlich gebrochen, einmal dadurch, daß man die Erwerbungsfristen für die Heimatansprüche verkürzte, hauptsächlich aber dadurch, daß man durch das Recht der Heimatgemeinden auf Stellung von Heimatanträgen einen ganz neuen Faktor einführte, welcher der Subjektivität der Natur der Heimat noch weiteren und zwar gründlichen Abbruch that. In der ersteren Richtung wurde der größeren Unstetigkeit der Verhältnisse und dem zunehmenden Verkehre Rechnung getragen, und ganz mit Recht. Wenn es überhaupt mit dem Princip der Heimat vereinbar ist, Heimatansprüche Fremden zuzugestehen, so entspricht es nur der richtigen Erkenntnis der Zeitverhältnisse, wenn die zur Erstattung solcher Ansprüche vorgestreckten Fristen in Übereinstimmung mit der rascher pulsierenden Strömung des modernen Verkehrs auch entsprechend kurz bemessen werden.

Merkwürdigerweise aber liegt die Begründung der in Bayern geschaffenen Neuerung nicht auf diesem Gebiete! Vielmehr wollte ein Akt ausgleichender Gerechtigkeit vollzogen werden, und zwar wollten die kleinen Gemeinden, welche den in besseren Verkehrs- und damit Erwerbsverhältnissen sich befindenden großen und größeren Gemeinden gegenüber im Nachteil waren, vor den Folgen dieser Verhältnisse geschützt werden.

Ein rein wirtschaftliches Motiv!

Um dem recht prägnanten Ausdruck zu verleihen, wurde neben der ersten Neuerung eine zweite eingeführt, und den Gemeinden das Recht zugestanden, für den Berechtigten den Heimatanspruch zu erheben, wie schon erwähnt, auch gegen dessen Willen! In welchem Umfange von diesem Rechte Gebrauch gemacht wird, das wissen die Verwaltungen der großen und größeren Gemeinden zu erzählen. Es ist hier nicht der Platz, auf die Folgen der neuen Gesetzgebung für die Gemeinden näher einzugehen, dieselben lassen sich heute auch noch nicht übersehen. Hier kommt es vielmehr darauf an, festzustellen, daß durch die neue Gesetzgebung Bayerns die Subjektivität des Heimatrechtes ganz erheblich in den Hintergrund gedrängt wurde. Glaubte man dadurch, daß dem Zustande, daß in großen Gemeinden nur ein verhältnismäßig kleiner Prozentsatz aller Einwohner heimatberechtigt war, und welcher im Sinne des Heimatrechtes als Mißstand bezeichnet, aber nicht empfunden wurde, abgeholfen werde, auf der einen Seite mehr stabile Verhältnisse zu schaffen, wie sie dem Charakter des Heimatrechtes mehr entsprechen, so wurde auf der andern Seite eine Bewegung hervorgerufen, welche der angestrebten Stabilität geradezu zuwiderläuft. Und diese Bewegung wird auch nach dem ersten Ansturme nicht zur Ruhe kommen, sie wird eine dauernde sein nur mit dem Unterschiede, daß die „Abschiebungen" durch die Gemeinden mit der Zeit mehr den Charakter einer armenpolizeilichen Ausweisung annehmen werden. Und gerade das ist zu bedauern, wenn man auf dem Standpunkt steht, daß diese Ausweisungen solchen Individuen, welche an einem Orte länger ansässig sind, gegenüber, ganz abgesehen von der Beschränkung der persönlichen Freiheit, fast immer eine Härte bedeuten. Wenn bis jetzt viele Gemeinden ohne Wahl und blind darauf los „abgeschoben" haben, so werden sie mit der Zeit zur Erkenntnis gelangen, daß dieses nicht das Richtige ist, sondern daß zu unterscheiden ist; die Folge wird sein, daß nur mehr unterstützungsverdächtige Personen abgeschoben werden, und weil diese nicht immer von vornherein zu erkennen sind, werden hauptsächlich solche an die Reihe kommen, welche eben gerade Unterstützung brauchen. Ginge dann der Arme gerne in seine alte Heimat, so kann ihm das verboten werden, weil seine neue Heimat sagt, daß er an Ort und Stelle bleiben muß, wo er am billigsten verpflegt werden kann. Damit ist die persönliche Freiheit beschränkt, oft in ganz unnötiger Weise. Ob für den Armen, der vielleicht wegen einer nicht schweren Erkrankung arbeitsunfähig geworden ist, der Wechsel des Aufenthalts zuträglich ist, danach wird meistens von solchen Gemeinden, welche klein und in kleinen Anschauungen befangen sind, nicht gefragt, obwohl vielleicht ein Zugeständnis nach dieser Richtung späteren üblen Folgen hätte vorbeugen können. Der gleiche Schaden kann auch im Gebiete des Unterstützungswohnsitzes, sowie im Wechselverkehre zwischen beiden Gebieten einem Unterstützungsbedürftigen zugefügt werden, wenn der Antrag auf Übernahme und letztere selbst zu früh erfolgt. Die Bestimmung, daß eine Heimschaffung erst dann zulässig sein soll, wenn sie ohne Nachteil für den Kranken selbst oder für Andere geschehen kann, ist kein absolut ausreichender Schutz hiegegen, denn der Arzt mag manchen seiner Patienten für soweit hergestellt halten, daß seine Fortschaffung zulässig erscheint, aber insbesondere dann, wenn der Transport weit führt, wird er nicht immer in der Lage sein, die Folgen der Änderung richtig beurteilen zu können.

Das Unterstützungswohnsitzgesetz hat in richtiger Erkenntnis der Härten bei der Heimweisung die Behörden der ersten Instanz verpflichtet, auf einen Ausgleich dahin zu wirken, daß der Aufenthalt gestattet werde gegen eine Entschädigung seitens des verpflichteten Armenverbandes; allein mit dieser Bestimmung ist, da die Entscheidung ausschließlich vom Vorhandensein des guten Willens abhängt, eine ausreichende und zuverlässige Abhilfe nicht geschaffen. Die Möglichkeit der Heimweisung bleibt bestehen, und mit ihr bleiben alle Härten, welche in dieser Möglichkeit liegen und liegen können. Der Arme bleibt ein Spielball in der Hand der Willkür.

Alle diese Nachteile, seien sie dem einen oder dem anderen Systeme eigen, werden, solange die beiden Systeme ihrem Wesen nach fortbestehen, gründlich niemals beseitigt werden können. Keines der beiden Systeme aber kann in seiner jetzigen Gestaltung den Anspruch auf Vollendung machen. Richtig ist ja, daß besonders schwere Mißstände im Wechselverkehre, welche der sofortigen Beseitigung dringend bedürfen, nicht bestehen, allein es ist gerade jetzt, wo das Deutsche Reich einen so gewaltigen Schritt auf dem Gebiete der Rechtseinheit vorwärts gemacht hat, ein mehr oder weniger beschämender Gedanke, daß auf dem Gebiete des Armenwesens eine Rechtseinheit noch nicht erzielt werden konnte. Man wende nicht ein, daß sich dieses Gebiet zu einer einheitlichen Regelung nicht eigne. Wenn es möglich war, das bürgerliche Gesetzbuch als ein Werk aus einem Guß zu schaffen, so muß es auch möglich sein, dem Armenrechte diejenige einheitliche Gestalt zu geben, welche sein Charakter überhaupt verträgt.

Wenn erwogen wird, welcher Weg hierbei zu beschreiten ist, so ist zunächst die Wahl zwischen den vorhandenen zwei Systemen gegeben.

Hält man am Heimatprincip fest, so wären die beiden Systeme zu vergleichen. Es wird sich ergeben, daß alle die Mängel, welche man dem Unterstützungswohnsitz im Gegensatze zur Heimat vorwirft, bei der jetzigen rechtlichen Ausgestaltung der letzteren auch dieser anhaften.

Da wurde gesagt, der Unterstützungswohnsitz sei nur ein Surrogat der Heimat, jedenfalls, weil er leicht und oft gewechselt werden kann, so daß eine engere Verbindung zwischen dem Unterstützungsberechtigten und der Gemeinde nicht entstehen könne; die Zahl derer, welche einen Unterstützungswohnsitz erworben haben, sei gegenüber den Heimatlosen — Landarmen — viel zu gering. Diese Sätze wurden von einem hervorragenden bayerischen Verwaltungsrechtskenner zu einer Zeit aufgestellt, wo die Wirkung der beiden noch ziemlich neuen Gesetze noch nicht zu übersehen war. Wie wenig ihnen die thatsächlichen Erfahrungen Recht geben, das entnimmt man daraus, daß eine in Bayern vor der Novelle von 1896 gepflogene Erhebung ergab, daß **durchschnittlich zwei Drittel der Geburten und Eheschließungen und über die Hälfte der Sterbefälle in 10 verschieden großen bayerischen Gemeinden Personen betrafen, welche in der Aufenthaltsgemeinde nicht heimatberechtigt waren**, während ein Kenner der Verhältnisse im Gebiete des Unterstützungswohnsitzes erklärt, die **Zahl der Landarmen sei in den Städten etwa auf 3—4 Prozent** der Bevölkerung anzuschlagen und variiere in den Landgemeinden ungefähr im gleichen Verhältnisse, wie der Unterschied in der Fluktuation der Bevölkerung zwischen Stadt und Land sei.

Mit diesem recht auffallenden Ergebnisse wird auch die Richtigkeit des Satzes in Zweifel gestellt, daß das System des Unterstützungswohnsitzes nicht geeignet sei, darauf eine geregelte vorbeugende Armenpflege zu gründen, denn dieser Satz kann unmöglich da zutreffen, wo eine weitaus größere Stabilität der Verhältnisse vorherrscht. Mögen auch 3—4 Prozent zu niedrig gegriffen sein, so ergiebt sich doch aus der sehr einfachen und raschen Möglichkeit der

Erwerbung eines Unterstützungswohnsitzes ganz von selbst, daß dessen Erwerbung in weit höherem Maße vor sich geht als die Erwerbung der Heimat, und auf keinen Fall kann hier ein so auffallendes Mißverhältnis sich ergeben wie dort. Wo aber die Verhältnisse stabilere sind, da ist auch für die vorbeugende Armenpflege der geeignetere Boden. Außerdem aber wird eine richtig organisierte Armenpflege auch bei Nichtangehörigen der Gemeinde die vorbeugende Armenpflege nicht außer Augen lassen.

„Da keine Gemeinde wisse, wer ihr einmal zur Last fallen wird, so werden die Maßregeln zur Rettung von solchen Personen, welche unterstützungsgefährlich sind, aber mit vorsorglich ausreichender Hilfe noch gerettet werden können, in geringerem Umfange angewendet werden" — weiß heute eine bayerische Gemeinde, wer ihr nach 4 Jahren zur Last fallen wird?

Durch das Bestreben der Gemeinden, Personen, welche voraussichtlich der Armenpflege zur Last fallen werden, von sich abzuschieben, wird die Freizügigkeit gefährdet, sagte man weiter. Wenn man dabei an Gutsbezirke dachte, welche einen Ortsarmenverband bilden und welche es in der Hand haben, durch Kündigung vor Ablauf des zweiten Dienstjahres das Verbleiben eines Arbeiters, welcher in demselben Bezirke ohne den Willen des Gutsherrn anderweitige Arbeit nicht finden kann, die Erwerbung des Unterstützungswohnsitzes zu verhindern und den Arbeiter dadurch zu zwingen, zu verziehen, so hat man thatsächlich einen wunden Punkt getroffen. Ähnliches ist aber auch in Bayern möglich. Oder ist es etwa nicht denkbar, daß eine Verabredung unter den Bewohnern einer Gemeinde getroffen würde, einer Person, welche nahe daran ist, einen Heimatanspruch zu ersitzen, den Erwerb derselben unmöglich zu machen, dadurch daß man sich gegenseitig verpflichtet, ihr keine Wohnung zu gewähren, so daß sie, sie mag wollen oder nicht, aus der Gemeinde verziehen muß und dadurch ihrer bisherigen Erwerbsrechte verlustig geht? Solche Dinge sind eben überall da möglich, wo inhumane Gesinnung vorherrscht oder die Not zwingt.

Ein Hauptargument für die Heimat war die Aufstellung, daß die Heimat dem Menschen einen festen Rückhalt gewähre, eine feste Stütze; „darin liege der Keim zur Anhänglichkeit an das Vaterland".

Abgesehen davon, daß auch der Unterstützungswohnsitz dem Ansässigen eine feste Heimat gewährt, hat jedenfalls die neueste Gesetzgebung in Bayern diese feste Stütze, wenn nicht entfernt, so doch stark gelockert. Wer aber weiß, daß es nicht gerade die glühendsten und feurigsten Vaterlandsfreunde sind, welche hauptsächlich den Erwerb des Heimatrechtes, und zwar besonders in den günstig situierten größeren Gemeinden anstreben und betreiben, für den muß die Beweiskraft dieses Satzes vollständig schwinden. Wie schon ausgeführt, wird heute das Heimatrecht nicht mehr als das ideale Recht betrachtet, wie es früher der Fall gewesen sein mag. Es gilt als rein materielles **Unterstützungsrecht** und wird demzufolge hauptsächlich da angestrebt, wo die Unterstützung voraussichtlich die reichlichste sein wird, andererseits auch als Vorstufe zum Erwerb der gemeindlichen politischen Rechte.

Daß das Gesetz über den Unterstützungswohnsitz zu mehr Streitigkeiten Veranlassung giebt, als das mit festeren Verhältnissen rechnende Heimatgesetz, muß auch erst bewiesen werden, namentlich jetzt, wo durch das Antragsrecht der Gemeinden ein Zankapfel unter diese geworfen wurde, der an Wirksamkeit nichts zu wünschen übrig läßt.

Der Streit um den Wert der beiden Systeme ist so alt wie diese selbst; unendlich viel ist hin und her geschrieben und gesprochen worden, ohne daß die Gegner sich überzeugen konnten. Wenn ein Versuch gemacht werden will, auf Grund des bereits vorhandenen gemeinschaftlichen Principes eine Einigung zu erzielen, so ist Nachgiebigkeit auf beiden Seiten erforderlich. Daß Bayern dem Unterstützungswohnsitz schon sehr viel konzediert hat, ist nicht zu leugnen; es sei nur noch einmal erwähnt die Verkürzung der Ersitzungsfristen, das Antragsrecht der Gemeinden, die Erweiterung der Unterstützungspflicht der Aufenthaltsgemeinden. Möge auch von der anderen Seite entgegen gekommen werden, um ein gemeinsames, gleiches Recht zu ermöglichen!

Da das System der Heimat grundsätzlich noch auf der festen Anfässigkeit und dem untrennbaren Familienverbande fußt, während das System des Unterstützungswohnsitzes das wirtschaftliche Moment in den Vordergrund stellt, dann aber auch den Familienverband verwertet, um bei Heimatlosen, für welche nach bayerischem Rechte eine Heimat zu finden oder zu schaffen ist, zum stärksten Gegensatz, nämlich zum Territorialitätsprincip zu gelangen, so ist an ein die beiderseitigen Gegensätze vereinigendes Mittelsystem schwer zu denken. Ein solchermaßen versuchter Bau müßte ein Zerrbild geben.

Wenn überhaupt ein einheitliches System gefunden werden soll, so muß das vermittelnde Element außerhalb der beiden vorhandenen gesucht werden. Man könnte an das französische System denken, welches zur Erwerbung des Unterstützungswohnsitzes nur einen einjährigen Aufenthalt erfordert, dann aber wieder auf die Unterstützungspflicht der Aufenthaltsgemeinde zurückgreift und damit entschieden ungerecht wirkt, da es für Gemeinden mit größerem Verkehr enorme Armenlasten schafft, während kleine abseits liegende Gemeinden nur mit den einheimischen Armen zu rechnen haben. Das System verwischt ebenso wie die beiden anderen die Grenze zwischen den Pflichten der Gemeinden und der Allgemeinheit und den Unterschied zwischen den Fähigkeiten der beiden. Damit, daß anerkannt wird, daß die Armenpflege am besten in die Hände der Gemeinde als dem dem Bedürftigen am nächsten stehenden öffentlich-rechtlichen Verbande übertragen wird, ist doch nicht ausgesprochen, daß die Gemeinden auch imstande sein müssen, alle Lasten zu tragen, ganz ohne Rücksicht auf ihre eigene Lage und die Zahl ihrer Armen! Hier muß der Hebel angesetzt werden. Die richtige Erkenntnis der ungerechtfertigten Überlastung mancher kleiner Gemeinden gegenüber den weitaus mehr leistungsfähigen größeren und großen Gemeinden hat in Bayern die Novelle vom Jahre 1896 hervorgebracht. Das Gesetz ist so ausgefallen, wie es ist, nicht allen zur Freude. Zwei andere Vorschläge waren noch gemacht worden: Die Unterstützungspflicht schlechthin der Aufenthaltsgemeinde aufzuerlegen; dieser Vorschlag erinnerte zu sehr an den Unterstützungswohnsitz und fand keinen Anklang. Der andere, die Armenlasten als Kreislasten zu erklären, wurde ebenfalls abgewiesen, obwohl er zweifellos das gesundeste Princip enthält; aber — er ist mit dem System der Heimat nicht mehr vereinbar.

„Die Armenlasten — und zwar alle ohne Unterschied — auf breitere Schultern!" Das sei das Losungswort bei der Fortentwicklung des Armenrechtes. Der Staat ist nicht ein über den Gemeinden stehendes Wesen, er ist ein aus den Gemeinden sich zusammensetzendes Gebilde. Die Fürsorge für die Armen und Bedürftigen ist nicht allein im Interesse der Gemeinden, sie ist im Interesse der großen Allgemeinheit, für welche die Verarmung mit ihren Folgen eine sociale Gefahr bildet, gelegen.

Hat diese Erkenntnis sich durchgerungen, so wird auch der Fortfall der armenpolizeilichen Ausweisung, welche mit der Freizügigkeit und Humanität in unversöhnlichem Widerspruch steht, besiegelt sein. Mit dem Verschwinden der gegenseitigen Ersatzleistungen wird dann auch der vielen vermeidbaren Streitigkeiten ein Ende sein, und — nicht in letzter Linie sei es erwähnt — die Unterstützung aller Reichsangehörigen, wo immer sie sich aufhalten, wird nach einem System erfolgen, welches nicht mehr auf kündbaren Verträgen beruht.

Daß diese Verträge kündbar sind, wird durch ihre Anführung im Gesetze selbst (§ 7 Frei.-Ges.) nicht geändert; sie wurden hierdurch nicht zum Gesetz. Dieses ergibt sich schon daraus, daß letzteres nur bezüglich des Verfahrens in Ausweisungsfällen auf die bestehenden Verträge hinweist, ohne der materiellen Bestimmungen derselben Erwähnung zu thun (s. auch Reger, kleinere Reichs-Verwaltungsgesetze, Anm. 1 zu § 7 des Freiz.-Ges.).

Ein solcher auf einfachen Verträgen beruhender Rechtszustand mag im Verkehre mit dem Ausland gerechtfertigt sein, wo die immer schwankenden politischen Verhältnisse eine bestimmte gegenseitige Festlegung durch Gesetz verbieten bezw. völkerrechtlich ein anderes Verfahren überhaupt nicht gut denkbar ist, aber innerhalb des Deutschen Reiches sollte es verschwinden. Vorläufig freilich ist wenig zu hoffen.

Man wird einwenden, die vorgeschlagene Verallgemeinerung in der Armenpflege durch Übertragung der Armenlasten auf größere Verbände werde dem insbesondere für die vorbeugende Armenpflege als wichtigsten erkannten Moment, nämlich der Individualisierung Eintrag thun, allein das ist nicht zu befürchten, wenn, wie vorgeschlagen wird, der Schwerpunkt der Armenpflege nach wie vor bei den Gemeinden belassen wird. Die Gemeinden sind ja zweifelsohne die für die ausübende Armenpflege geeignetsten Körperschaften.

Wenn ferner eingewendet wird, es sei zu besorgen, daß die Gemeinden, sobald sie nicht mehr auf eigene Rechnung wirtschaften müssen, ohne Maß und Ziel in den vollen Sack greifen werden, so kann dem durch eine wirksame Kontrolle und Haftbarkeitserklärung der Gemeinden für überflüssige Ausgaben leicht begegnet werden. Übrigens würde sich eine ungemessene Steigerung der Armenlasten für die Gemeinden im Steuersoll bald recht empfindlich fühlbar machen, und hierin liegt das sicherste und wirksamste Korrektiv gegen die befürchtete Verschwendung.

Auf alle Fälle bleibt es ein mit dem Gerechtigkeitsgefühl schwer zu vereinigender Zustand, wenn trotz der ungeheuren Verschiedenheiten in der wirtschaftlichen Lage der einzelnen Gemeinden allen die gleiche Aufgabe gestellt wird, „ihre" Armen ohne Aussicht auf fremde Hilfe allein zu unterhalten, bezw. wenn die fremde Hilfe erst von da an gewährt wird, wo die

Existenz der nichtarmen Bevölkerung gefährdet erscheint. Zwar ist in den beiden bestehenden Systemen die Möglichkeit der Vereinigung von Gemeinden zu Armenverbänden bezw. einzelnen Armenzwecken vorgesehen, allein dieser Schutz ist kein genügender, insbesondere nicht für arme Gemeinden, mit welchen besser oder gut situierte nicht gern paktieren werden. Die Einrichtungen und Vorkehrungen für Armenzwecke werden demnach in armen Gemeinden, welche unter Umständen selbst auf Armenunterstützung angewiesen sind, immer recht mangelhafte sein, und zwar nicht bloß den einheimischen Armen, sondern auch den hilfsbedürftigen Fremden zum Schaden.

In recht grellem Lichte zeigt sich die nachteilige Stellung armer Gemeinden neuerdings in Bayern bei der Antragstellung auf Heimatverleihung. Es sind Fälle vorgekommen, daß Gemeinden sich lästiger Personen gerne im Wege der Anspruchserhebung auf die Heimat für dieselben entledigt hätten, daß sie die Anträge wohl stellten, aber nicht in der Lage waren, die geforderten Gebühren zahlen zu können! Hält man dagegen, daß ein Nichtbayer, der in Bayern aufgenommen wird, nach Ablauf der vier- oder siebenjährigen Frist die Heimat gebührenfrei kraft Gesetzes erwirbt, so erscheint solcher Rechtszustand mindestens recht sonderbar. —

Als Ergebnis dieser Erörterungen möge gelten:

Der Rechtszustand bezüglich der Unterstützung Hilfsbedürftiger im Wechselverkehre zwischen Bayern und dem Gebiete des Unterstützungswohnsitzes ist zwar ein erträglicher, doch ist er ebenso reformbedürftig.

Die Reformbestrebungen müssen im Interesse der Rechtseinheit, der Gerechtigkeit und der Humanität hauptsächlich darauf gerichtet sein, daß auf ein einheitliches Armenrecht hingearbeitet wird, welches alle Armenlasten auf größere Verbände legt und die armenpolizeiliche Ausweisung möglichst ganz beseitigt.

Anhang.

Die bestehenden Staatsverträge armenrechtlichen Inhalts.

Übersicht:

1. Gothaer Vertrag vom 15. Juli 1851.
2. Eisenacher Übereinkunft vom 11. Juli 1853.
3. Deklaration zwischen Deutschland und Belgien vom 7. Juli 1877.
4. Übereinkunft zwischen Bayern und Belgien vom 21. Februar 1868.
5. Deutsch-schweizerischer Niederlassungsvertrag vom 31. Mai 1890.
6. Übereinkommen zwischen dem Deutschen Reich und Italien vom 8. August 1873.
7. Übereinkommen zwischen dem Deutschen Reich und Dänemark vom 11. Dezember 1873.
8. Übereinkommen zwischen dem Deutschen Reich und Österreich-Ungarn vom 19. September 1875.
9. Übereinkommen zwischen dem Deutschen Reich und Frankreich.
10. Übereinkommen zwischen dem Deutschen Reich und Rußland vom 10. Februar 1894.

(Hinsichtlich der Armenfürsorge für Ausländer ist auf die Abhandlung von Dr. Frhn. von Reitzenstein in den „Annalen", Jahrgang 1895 zu verweisen.)

1. Vertrag wegen gegenseitiger Verpflichtung zur Übernahme der Auszuweisenden, d. d. Gotha, 15. Juli 1851. (Preuß. Gesetzsamml. 1850 S. 711.)

§ 1.

Jede der kontrahierenden Regierungen verpflichtet sich,
a) diejenigen Individuen, welche noch fortdauernd ihre Angehörigen (Unterthanen) sind, und
b) ihre vormaligen Angehörigen (Unterthanen), auch wenn sie die Unterthanenschaft nach der inländischen Gesetzgebung bereits verloren haben, so lange, als sie nicht dem andern Staate nach dessen eigener Gesetzgebung angehörig geworden sind,

auf Verlangen des andern Staates wieder zu übernehmen.

§ 2.

Ist die Person, deren sich der eine der kontrahierenden Staaten entledigen will, zu keiner Zeit einem der kontrahierenden Staaten als Unterthan angehörig gewesen (§ 1), so ist unter ihnen derjenige zur Übernahme verpflichtet, in dessen Gebiete der Auszuweisende

a) nach zurückgelegtem 21. Lebensjahre sich zuletzt fünf Jahre hindurch aufgehalten, oder

b) sich verheiratet und mit seiner Ehefrau unmittelbar nach der Eheschließung eine gemeinschaftliche Wohnung mindestens sechs Wochen innegehabt hat, oder

c) geboren ist.

Die Geburt (c) begründet eine Verpflichtung zur Übernahme nur dann, wenn keiner der beiden anderen Fälle (a und b) vorliegt. Treffen diese zusammen, so ist das neuere Verhältnis entscheidend.

§ 3.

Ehefrauen sind in den Fällen der §§ 1 und 2, ihre Übernahme möge gleichzeitig mit derjenigen ihres Ehegatten oder ohne diese in Frage kommen, von demjenigen Staate zu übernehmen, welchem der Ehemann nach §§ 1 oder 2 zugehört.

Bei Witwen und geschiedenen Ehefrauen ist, jedoch nur bis zu einer in ihrer Person eintretenden, die Übernahmeverbindlichkeit begründenden Veränderung, das Verhältnis des Ehemannes zur Zeit seines Todes und beziehungsweise der Ehescheidung maßgebend.

Die Frage, ob eine Ehe vorhanden sei, wird im Falle des § 1 nach den Gesetzen desjenigen Staates beurteilt, welchem der Ehemann angehört; im Falle des § 2 aber nach den Gesetzen desjenigen Staates, wo die Eheschließung erfolgt ist.

§ 4.

Eheliche Kinder sind, wenn es sich um deren Übernahme vor vollendetem 21. Lebensjahre handelt, in den Fällen der §§ 1 und 2 nicht nach ihrem eigenen Verhältnisse, sondern nach dem des Vaters zu beurteilen. Kinder, welche durch nachfolgende Ehe der Eltern legitimiert sind, werden den ehelich geborenen gleich geachtet.

§ 5.

Uneheliche Kinder sind nach demjenigen Unterthansverhältnisse zu beurteilen, in welchem zur Zeit der Geburt derselben deren Mutter stand, auch wenn sich später eine Veränderung in diesem Verhältnisse der Mutter zugetragen hat.

Gehörte die Mutter zur Zeit der Geburt ihres unehelichen Kindes keinem der kontrahierenden Staaten als Unterthanin an, so entscheiden über die Verpflichtung zu seiner Übernahme die Bestimmungen des § 2.

Auch auf uneheliche Kinder findet die Vorschrift des zweiten Absatzes des § 6 Anwendung.

§ 6.

Ist keiner der im § 2 gedachten Fälle vorhanden, so muß der Staat, in welchem der Heimatlose sich aufhält, denselben behalten.

Doch sollen weder Ehefrauen noch Kinder unter 16 Jahren, falls sie einem andern Staate nach §§ 1 und 2 zugewiesen werden könnten, von ihren Ehemännern und bezw. Eltern getrennt werden.

§ 7.

Wenn diejenige Regierung, welche sich einer lästigen Person entledigen will, die Übernahme derselben von mehreren deutschen Bundesstaaten aus der gegenwärtigen oder einer anderen Übereinkunft zu fordern berechtigt ist, so hat sie denjenigen Staat zunächst in Anspruch zu nehmen, welcher in Bezug auf den Verpflichtungsgrund oder die Zeitfolge näher verpflichtet ist.

Hat dieser Staat, auch nach vorgängigem Schriftwechsel der obersten Landesbehörden, die Übernahme verweigert, so kann die ausweisende Regierung auch von demjenigen Staate, welcher nach gegenwärtiger Übereinkunft hiernächst verpflichtet ist, die Übernahme fordern und demselben die Geltendmachung seines Rechts gegen den vermeintlich näher verpflichteten Staat überlassen.

§ 8.

Ohne Zustimmung der Behörde des zur Übernahme verpflichteten Staates darf diesem kein aus dem anderen Staate ausgewiesenes Individuum zugeführt werden, es sei denn, daß

a) der Rückkehrende sich im Besitze eines von der Behörde seines Wohnortes ausgestellten Passes (Wanderbuchs, Paßkarte), seit dessen Ablauf noch nicht ein Jahr verstrichen ist, befindet, oder

b) daß der Ausgewiesene einem in gerader Richtung rückwärts liegenden dritten Staate zugehört, welchem er nicht wohl anders als durch das Gebiet des andern kontrahierenden Staates zugeführt werden kann.

§ 9.

Sollte ein Individuum, welches von dem einen kontrahierenden Staate dem andern zum Weitertransport in einen rückwärts liegenden Staat nach Maßgabe des § 8 lit. b überwiesen worden ist, von dem letzteren nicht angenommen werden, so kann dasselbe in denjenigen Staat, aus welchem es ausgewiesen worden war, wieder zurückgeführt werden.

§ 10.

Die Überweisung der Ausgewiesenen geschieht in der Regel mittelst Transportes und Abgabe derselben an die Polizeibehörde desjenigen Ortes, wo der Transport als von seiten des ausweisenden Staates beendigt anzusehen ist. Mit dem Ausgewiesenen werden zugleich die Beweisstücke, worauf der Transport konventionsmäßig gegründet wird, übergeben. In solchen Fällen, wo keine Gefahr zu besorgen ist, können einzelne Ausgewiesene auch mittelst eines Passes, in welchem ihnen die zu befolgende Route genau vorgeschrieben ist, in ihr Vaterland gewiesen werden.

§ 11.

Die Kosten der Ausweisung trägt innerhalb seines Gebietes der ausweisende Staat.

Wenn der Ausgewiesene, um seiner Heimat in einem dritten Staate zugeführt zu werden, durch das Gebiet eines anderen kontrahierenden Teiles transportiert werden muß, so hat dem letzteren der ausweisende Staat die Hälfte der bei dem Durchtransporte entstehenden Kosten zu erstatten.

Muß der Ausgewiesene im Falle des § 9 in den Staat, aus welchem er ausgewiesen worden war, wieder zurückgebracht werden, so hat dieser Staat sämtliche Kosten des Rücktransportes zu vergüten.

§ 12.

Können die betreffenden Behörden über die Verpflichtung des Staates, welchem die Übernahme angesonnen wird, sich bei dem darüber stattfindenden Schriftwechsel nicht einigen, und ist die Meinungsverschiedenheit auch im diplomatischen Wege nicht zu beseitigen gewesen, so wollen die beteiligten Regierungen den Streitfall zur schiedsrichterlichen Entscheidung einer dritten deutschen Regierung stellen, welche zu den Mitkontrahenten des gegenwärtigen Vertrags gehört.

Die Wahl der um Abgabe des Schiedsspruchs zu ersuchenden deutschen Regierung bleibt demjenigen Staate überlassen, der zur Übernahme des Ausgewiesenen verpflichtet werden soll.

An diese dritte Regierung hat jede der beteiligten Regierungen jedesmal nur eine Darlegung der Sachlage, wovon der anderen Regierung eine Abschrift nachrichtlich mitzuteilen ist, in kürzester Frist einzusenden.

Bis die schiedsrichterliche Entscheidung erfolgt, gegen welche von keinem Teile eine weitere Einwendung zulässig ist, hat derjenige Staat, in dessen Gebiet das auszuweisende Individuum beim Entstehen der Differenz sich befunden, die Verpflichtung, dasselbe in seinem Gebiete zu behalten.

2. **Übereinkunft zwischen Preußen und mehreren anderen deutschen Staaten wegen Verpflegung erkrankter und Beerdigung verstorbener Angehörigen eines anderen kontrahierenden Staates, d. d. Eisenach, den 11. Juli 1853. Nebst Bekanntmachung vom 5. November 1853. (Preuß. Gesetzsamml. S. 877.)**

Die Regierungen von Preußen, Sachsen, Hannover, Kurhessen, Großherzogtum Hessen, Sachsen-Weimar, Mecklenburg-Schwerin, Mecklenburg-Strelitz, Oldenburg, Braunschweig, Sachsen-Meiningen, Sachsen-Altenburg, Sachsen-Coburg-Gotha, Anhalt-Dessau-Cöthen, Anhalt-Bernburg, Schwarzburg-Rudolstadt, Schwarzburg-Sondershausen, Schaumburg-Lippe, Lippe, Reuß älterer und Reuß jüngerer Linie, sowie die freien Städte Frankfurt und Bremen sind übereingekommen, über die Grundsätze, welche gegenseitig in Bezug auf die Verpflegung erkrankter und Beerdigung verstorbener Angehörigen des andern Staates Anwendung finden sollen, sich vertragsmäßig zu einigen und haben zu diesem Zwecke Bevollmächtigte ernannt, und zwar:

(folgen die Namen der Bevollmächtigten).

welche demgemäß mit Vorbehalt der Genehmigung ihrer Regierungen folgende Bestimmungen vereinbart haben:

§ 1.

Jede der kontrahierenden Regierungen verpflichtet sich, dafür zu sorgen, daß in ihrem Gebiete denjenigen hilfsbedürftigen Angehörigen anderer

Staaten, welche der Kur und Verpflegung benötigt sind, diese nach denselben Grundsätzen, wie bei eigenen Unterthanen, bis dahin zuteil werde, wo ihre Rückkehr in den zur Übernahme verpflichteten Staat ohne Nachteil für ihre und anderer Gesundheit geschehen kann.

§ 2.

Ein Ersatz der hierbei (§ 1) oder durch die Beerdigung erwachsenden Kosten kann gegen die Staats-, Gemeinde- oder andere öffentliche Kassen desjenigen Staates, welchem der Hilfsbedürftige angehört, nicht beansprucht werden.

§ 3.

Für den Fall, daß der Hilfsbedürftige oder daß andere privatrechtlich Verpflichtete zum Ersatz der Kosten imstande sind, bleiben die Ansprüche auf letztere vorbehalten. Die kontrahierenden Regierungen sichern sich auch wechselseitig zu, auf Antrag der betreffenden Behörde die nach der Landesgesetzgebung zulässige Hilfe zu leisten, damit denjenigen, welche die gedachten Kosten bestritten haben, diese nach billigen Ansätzen erstattet werden.

§ 4.

Gegenwärtige Übereinkunft tritt mit dem 1. Januar 1854 in Kraft. Mit demselben Tage erlischt die Wirksamkeit derjenigen Verabredungen, welche bisher über den gleichen Gegenstand zwischen einzelnen der kontrahierenden Regierungen bestanden haben. Die Dauer der Wirksamkeit der gegenwärtigen Übereinkunft wird zunächst auf den Zeitraum von drei Jahren verabredet. Sie ist aber auf je weitere drei Jahre als in Kraft befindlich für jede der kontrahierenden Regierungen zu betrachten, welche nicht spätestens sechs Monate vor dem Ablaufe der Gültigkeit der Übereinkunft dieselbe gekündigt hat.

§ 5.

Allen deutschen Bundesstaaten, welche die gegenwärtige Übereinkunft nicht abgeschlossen haben, steht der Beitritt zu derselben offen. Dieser Beitritt wird durch eine die Übereinkunft genehmigende und einer der kontrahierenden Regierungen behufs weiterer Benachrichtigung der übrigen Kontrahenten zu übergebende Erklärung bewirkt.

Zu Urkund dessen haben die Bevollmächtigten die gegenwärtige Übereinkunft unterzeichnet und untersiegelt.

Eisenach, den 11. Juli 1853.

(Folgen die Unterschriften der Bevollmächtigten.)

Vorstehende Übereinkunft wird, nachdem dieselbe von sämtlichen kontrahierenden Regierungen ratifiziert worden ist, hiedurch mit dem Bemerken zur öffentlichen Kenntnis gebracht, daß derselben in Gemäßheit des § 5 die Regierungen

1. des Kaisertums Österreich unter dem 27. Oktober d. J.,
2. des Königreichs Württemberg unter dem 19. September d. J.
3. des Herzogtums Nassau mittelst Erklärung vom 15. September d. J.,

4. des Fürstentums Waldeck mittelst Erklärung vom 15. August d. J., sowie
5. die freie Stadt Lübeck mittelst Erklärung vom 23. Juli d. J. beigetreten sind.
Berlin, den 5. November 1853.
Der Ministerpräsident, Minister der auswärtigen Angelegenheiten.
v. Manteuffel.

3. **Deklaration zwischen Deutschland und Belgien in Bezug auf Unterstützung und Heimschaffung der Hilfsbedürftigen vom 7. Juli 1877.**

Artikel 1.

Jeder der beiden vertragenden Teile verpflichtet sich, dafür zu sorgen, daß innerhalb seines Gebietes den hilfsbedürftigen Angehörigen des anderen Teiles dieselbe Unterstützung gewährt werde, welche den eigenen Hilfsbedürftigen nach den gesetzlichen Bestimmungen über öffentliche Unterstützung zu teil wird.

Wird ein hilfsbedürftiger Angehöriger des einen Teiles aus dem Gebiete des anderen in sein Heimatland zurückgeschafft oder ausgewiesen, so ist der ausweisende Teil verpflichtet, demselben die zur Erreichung der Grenze erforderlichen Mittel zu gewähren.

Artikel 2.

Die Heimschaffung eines Hilfsbedürftigen muß ausgesetzt werden, wenn und solange es der Gesundheitszustand desselben erfordert.

Frauen dürfen nicht von ihren Ehemännern, und Kinder unter sechzehn Jahren nicht von ihren Eltern getrennt werden, außer in den in dem folgenden Artikel vorgesehenen Fällen.

Artikel 3.

Hilfsbedürftige, welche infolge von Krankheit oder Alter erwerbsunfähig geworden sind, desgleichen Waisen, verlassene Kinder und Geisteskranke sollen, wenn sie auf öffentliche Kosten verpflegt oder unterhalten werden, nur auf vorhergehenden Antrag, welcher im diplomatischen Wege von der einen an die andere Regierung zu richten ist, übernommen werden.

Artikel 4.

Der Antrag auf Übernahme darf nicht aus dem Grunde abgelehnt werden, weil der betreffende Hilfsbedürftige seiner früheren Staatsangehörigkeit verlustig gegangen ist, sofern er nicht eine andere Staatsangehörigkeit erworben hat.

Ebensowenig kann die Übernahme ausgewiesener oder an die Grenze ihres Heimatlandes zurückgeschaffter Personen, welche ihre frühere Staatsangehörigkeit verloren, eine andere aber nicht erworben haben, von ihrem Heimatlande verweigert werden.

Artikel 5. . . . . . .

Artikel 6.

Ein Ersatz derjenigen Kosten, welche in Gemäßheit der vorstehenden Artikel durch Armenunterstützung, Verpflegung, ärztliche Behandlung oder Heimschaffung entstanden sind, soll gegen die Staats=, Gemeinde= oder andere öffentliche Kassen desjenigen Teils, welchem der Hilfsbedürftige angehört, nicht beansprucht werden dürfen.

Ebensowenig ist ein solcher Anspruch bezüglich etwa entstandener Beerdigungskosten zulässig.

Artikel 7.

Die Übernahme kann unterbleiben, wenn die Beteiligten sich darüber einigen, daß dem betreffenden Hilfsbedürftigen an dem Orte, wo er sich befindet, die weitere Fürsorge gegen Erstattung der Kosten seitens des dazu Verpflichteten zuteil wird.

Artikel 8.

Diejenigen, welche eine Armenunterstützung oder sonstige Kosten für einen Hilfsbedürftigen bestritten haben, können die Erstattung derselben vor den Gerichten oder den sonst zuständigen Behörden des Landes, welchem der Hilfsbedürftige angehört, gegen diesen selbst oder gegen die zu seiner Unterhaltung civilrechtlich verpflichteten Personen verfolgen.

Artikel 9. . . . . . .

4. **Übereinkunft zwischen Bayern und Belgien, die gegenseitige Übernahme von Geisteskranken betreffend, vom 21. Februar 1868.**

1. Diejenigen k. bayerischen Unterthanen, welche in Belgien von Geisteskrankheit befallen wurden, sowie diejenigen k. belgischen Unterthanen, welche in Bayern an diesem Leiden erkrankten, werden, wenn ihre Heimlieferung vorgängig verlangt und zugestanden worden ist, durch die Regierung des Landes, woselbst sie sich befinden, in das Land zurückgeführt, dem sie angehören.

2. Die beiden kontrahierenden Regierungen verzichten gegenseitig auf den Ersatz irgendwelcher Unterhalts= oder Transportkosten sowohl bezüglich des Geisteskranken als seines Begleiters. Jedoch behalten sich dieselben ihre Regreßansprüche gegen allenfallsige dritte Verpflichtete vor.

3. 4. . . . . .

5. **Niederlassungsvertrag zwischen dem Deutschen Reiche und der Schweizerischen Eidgenossenschaft. Vom 31. Mai 1890.**

Artikel 4.

Durch die Bestimmungen der vorstehenden Artikel wird das Recht eines jeden der vertragenden Teile, Angehörigen des anderen Teiles, entweder in=

folge gerichtlichen Urteils oder aus Gründen der inneren und äußeren Sicherheit des Staates, oder auch aus Gründen der Armen- und Sittenpolizei den Aufenthalt zu versagen, nicht berührt.

Artikel 8.

Die Angehörigen des einen Teiles, welche sich auf dem Gebiete des anderen Teiles befinden, aufhalten oder niedergelassen haben und in die Lage kommen sollten, auf Grund der Bestimmungen des Artikels 4 weggewiesen zu werden, sollen samt Familie auf Verlangen des ausweisenden Teiles jederzeit von dem anderen Teile wieder übernommen werden.

Unter gleichen Voraussetzungen verpflichtet sich jeder Teil, seine vormaligen Angehörigen, auch wenn sie das Staatsbürgerrecht nach der inländischen Gesetzgebung bereits verloren haben, so lange sie nicht in dem anderen oder einem dritten Staate angehörig geworden sind, auf Verlangen des anderen Teiles wieder zu übernehmen.

Eine polizeiliche Zuweisung soll jedoch, sofern nicht das Heimatsrecht des Zuweisenden durch eine noch gültige unverdächtige Heimaturkunde dargethan ist, gegenseitig nicht stattfinden, bevor die Frage der Übernahmepflicht erledigt und die letztere von dem pflichtigen Teile ausdrücklich anerkannt ist.

Die Transportkosten bis zur Grenze zwischen Deutschland und der Schweiz werden von dem zuweisenden Teile getragen.

Artikel 11.

Jeder der vertragenden Teile verpflichtet sich, dafür zu sorgen, daß in seinem Gebiete denjenigen hilfsbedürftigen Angehörigen des anderen Teiles, welche der Kur und Verpflegung benötigt sind, diese nach den am Aufenthaltsorte für die Verpflegung der eigenen Angehörigen bestehenden Grundsätzen bis dahin zu teil werde, wo ihre Rückkehr in die Heimat ohne Nachteil für ihre oder Anderer Gesundheit geschehen kann.

Ein Ersatz der hierdurch oder durch Beerdigung Verstorbener erwachsenden Kosten kann gegen die Staats-, Gemeinde- oder andere öffentliche Kassen desjenigen der vertragenden Teile, welchem der Hilfsbedürftige angehört, nicht beansprucht werden. Für den Fall, daß der Hilfsbedürftige selbst, oder daß andere privatrechtlich Verpflichtete zum Ersatz der Kosten imstande sind, bleiben die Ansprüche an diese vorbehalten.

Die vertragenden Teile sichern sich auch wechselseitig zu, auf Antrag der zuständigen Behörde die nach der Landesgesetzgebung zulässige Hilfe zu leisten, damit denjenigen, welche die Kosten bestritten haben, diese nach billigen Ansätzen erstattet werden.

Artikel 12.

Der gegenwärtige Vertrag soll am 20. Juli 1890 in Wirksamkeit treten und bis zum 31. Dezember 1900 in Kraft bleiben.

Im Falle keiner der vertragenden Teile zwölf Monate vor dem Ablaufe des gedachten Zeitraumes seine Absicht, die Wirkungen des Vertrages aufhören zu lassen, kundgegeben haben sollte, bleibt derselbe in Geltung bis zum Ablaufe eines Jahres von dem Tage an, an welchem der eine oder der andere der vertragenden Teile ihn gekündigt hat.

4*

6. Übereinkommen zwischen dem Deutschen Reiche und Italien wegen wechselseitiger Unterstützung Hilfsbedürftiger ꝛc. Vom 8. August 1873.

Artikel 1.

Jeder der beiden vertragenden Teile verpflichtet sich, dafür zu sorgen, daß innerhalb seines Gebietes denjenigen hilfsbedürftigen Angehörigen des anderen Teiles, welche wegen körperlicher oder geistiger Krankheit der Verpflegung und ärztlichen Behandlung bedürfen, diese nach denselben Grundsätzen wie den hilfsbedürftigen Inländern so lange zu teil werde, bis ihre Rückkehr in die Heimat ohne Nachteil für ihre oder Anderer Gesundheit geschehen kann, sowie daß denselben zur demnächstigen Rückkehr in die Heimat die zur Erreichung der Grenze des Heimatlandes erforderlichen Mittel gewährt werden.

Artikel 2.

Ein Ersatz der durch die Gewährung von Transport- und Reisemitteln, die Verpflegung, ärztliche Behandlung oder Beerdigung der Deutschen in Italien und der Italiener in Deutschland entstehenden Kosten kann gegen die Staats-, Gemeinde- oder andere öffentliche Kassen desjenigen Landes, welchem der Hilfsbedürftige angehört, nicht beansprucht werden.

Artikel 3.

Für den Fall, daß der Hilfsbedürftige selbst oder andere privatrechtlich Verpflichtete zum Ersatze der Kosten imstande sind, bleiben die Ansprüche an letztere vorbehalten.

Die vertragenden Teile sichern sich auch wechselseitig zu, auf einen von dem anderen Teile im diplomatischen Wege gestellten Antrag durch ihre Behörden, die nach der Landesgesetzgebung zulässige Hilfe zu leisten, damit denjenigen, welche die gedachten Kosten bestritten haben, solche nach den üblichen Ansätzen erstattet werden.

Artikel 4.

Jeder der vertragenden Teile verpflichtet sich ferner auf Verlangen des anderen Teiles seine Angehörigen wieder zu übernehmen, auch wenn dieselben die Staatsangehörigkeit nach der inländischen Gesetzgebung bereits verloren haben, sofern sie nicht etwa dem anderen Lande nach dessen eigener Gesetzgebung angehörig geworden sind.

Artikel 5.

Individuen, welche aus dem Gebiete des einen Landes in das des anderen ausgewiesen worden sind, und von denen demnächst durch die Behörden dieses letzteren festgestellt wird, daß sie demselben nicht angehören, beziehungsweise nicht angehört haben, müssen auf Antrag desselben von dem ausweisenden Teile an dessen Grenze wieder übernommen werden.

Artikel 6, 7, 8 hier belanglos.

7. Übereinkommen zwischen dem Deutschen Reiche und Dänemark wegen wechselseitiger Unterstützung Hilfsbedürftiger und Übernahme von Ausgewiesenen vom 11. Dezember 1873.

Artikel I.

Ein jeder der kontrahierenden Teile verpflichtet sich, innerhalb der Grenzen seines Gebietes bedürftigen Unterthanen des anderen Teiles, welche wegen körperlicher oder geistiger Krankheit Verpflegung oder ärztliche Behandlung nötig haben, solche Hilfe nach denselben Grundsätzen, nach welchen dieselbe den eigenen Unterthanen des Staates zu teil wird, zu gewähren, und zwar so lange, bis sie nach ihrer Heimat zurückgesendet werden können.

Artikel II.

Sobald der Gesundheitszustand der betreffenden Unterstützungsbedürftigen es gestattet, heimzureisen, gewährt der Teil, in dessen Gebiete sie sich aufhalten, ihnen die nötigen Mittel, um bis an die Grenze ihres Heimatlandes (d. h. respektive Dänemarks oder des Deutschen Reiches) zu gelangen.

Artikel III.

Gleichwie weder Armenunterstützung noch Krankenpflege, Beerdigungskosten oder andere in Gemäßheit des Artikels I und II aufgewendete Kosten Gegenstand der Erstattung im gegenseitigen Verhalten der beiden vertragschließenden Teile bilden, ebenso sollen auch solche Unterthanen des einen Teiles, welche der andere Teil von seinem Gebiete sonst noch zu entfernen wünscht, auf Kosten des letzteren bis an die Grenze ihres Heimatlandes befördert werden.

Artikel IV.

Ein jeder Teil verpflichtet sich, auf Verlangen des anderen Teiles, seine eigenen jetzigen, sowie früheren Unterthanen zu übernehmen, welche sich auf dem Gebiete des zuletzt genannten Teiles aufhalten, ohne daselbst Heimatsrechte erworben zu haben.

Artikel V
(betrifft die Rechtsverhältnisse bei Optionsfällen).

Artikel VI. . . . . . .

(Eine Zusatzdeklaration zu diesem Übereinkommen vom 25. August 1881 regelt das Verfahren in Heimweisungsfällen.)

8. Abschluß einer Übereinkunft zwischen Deutschland und Österreich-Ungarn wegen gegenseitiger Übernahme Ausgewiesener. (Entschl. des bayr. Ministeriums des Innern vom 19. September 1875.)

Zwischen Deutschland und Österreich-Ungarn ist bezüglich der Übernahme Auszuweisender ein Abkommen getroffen worden, durch welches jeder der vertragenden Teile sich verpflichtet hat, auf Verlangen des anderen Teiles seine Angehörigen zu übernehmen, auch wenn dieselben die Staatsangehörigkeit nach der inländischen Gesetzgebung bereits verloren haben, sofern sie nicht dem anderen Lande nach dessen eigener Gesetzgebung angehörig geworden sind.

Denselben Gegenstand betreffende frühere Übereinkommen zwischen einzelnen deutschen Staaten und der österreichisch-ungarischen Monarchie oder einzelnen Teilen derselben sind gleichzeitig für erloschen erklärt worden.

Bei Auswechslung der betreffenden Erklärungen der vertragschließenden Teile wurde ausdrücklich die Übereinstimmung der beiderseitigen Auffassungen konstatiert, wonach die hinsichtlich der Übernahmepflicht vereinbarte Gleichstellung der **vormaligen** Angehörigen der beiden Länder mit den betreffenden Lande noch **wirklich** Angehörenden auch in Erkrankungsfällen einzutreten und somit der Aufenthaltsstaat den Erkrankten, auch wenn er die Staatsangehörigkeit in dem anderen Lande nicht mehr besitzen sollte, nach Maßgabe des Eisenacher Vertrags vom 11. Juli 1853 zu verpflegen hat.

9. Frankreich.

Das mit Frankreich geschlossene Abkommen beschränkt sich darauf, die Modalitäten des bei den Ausweisungen einzuhaltenden Verfahrens zu regeln.

In materieller Beziehung ist laut eines preußischen Ministerialerlasses vom 31. Oktober 1880[1] der Grundsatz anerkannt, daß die gegenseitige Übernahme eines ehemaligen Unterthanen, sofern derselbe nicht eine andere Staatsangehörigkeit erworben hat, nicht zu versagen ist.

Das Gesetz über unentgeltliche Krankenpflege vom 15. Juli 1893 bestimmt, daß kranke und mittellose Ausländer den Franzosen in den Fällen, in welchen mit deren Heimatsstaat Verträge wegen gegenseitiger Leistung der Armenpflege vorliegen, gleichzustellen sind.

10. Rußland.

Seit $\frac{\text{10. Februar}}{\text{29. Januar}}$ 1894 besteht ein Übereinkommen zwischen dem Deutschen Reiche und Rußland bezüglich der Übernahme früherer Angehöriger.

Artikel 1 desselben lautet:

Beide Teile verpflichten sich, diejenigen ihrer früheren Angehörigen, welche ihre Staatsangehörigkeit durch Abwesenheit im Auslande oder durch förmliche Entlassung oder auf andere Weise verloren haben, zu übernehmen, falls jene nicht eine andere Staatsangehörigkeit erworben haben.

Diese Übernahmepflicht soll sich jedoch nicht erstrecken auf Personen, welche die von ihren Eltern verlorene Staatsangehörigkeit ihrerseits niemals besessen haben.

Die übrigen Artikel regeln das Verfahren.

---

[1] Abgedruckt bei Cahn, „Erwerbung und Verlust der Bundes- und Staatsangehörigkeit" S. 244.

III.
Das Rechtsgebiet Elsaß-Lothringen.

Von

Dr. H. Ruland,

Rechtsanwalt und Mitglied des Armenrates in Colmar i. E.

Die gesetzlichen Bestimmungen, welche in den Gebieten des „Gesetzes über den Unterstützungswohnsitz" und des „Heimatrechtes" gelten und die Grundsätze, welche dort für die Unterstützung von Staatsangehörigen anderer Bundesstaaten, also auch für Elsaß-Lothringer, maßgebend sind, hat der Fleischmannsche Bericht in erschöpfender Weise dargestellt.

Für den nachfolgenden Bericht verbleibt demnach nur noch für das dritte in Frage kommende Rechtsgebiet, Elsaß-Lothringen, die Frage zu beantworten, welche Grundsätze dort für die Unterstützung von Staatsangehörigen anderer Bundesstaaten, also für Altdeutsche, gelten.

Entsprechend der Gedankenfolge des Fleischmannschen Berichtes wäre zunächst eine systematische Darstellung des für Elsaß-Lothringen geltenden Rechtes der öffentlichen Armenpflege zu geben.

Der Verfasser glaubt jedoch sich auf eine kurze Schilderung der wesentlichsten gesetzlichen Bestimmungen beschränken zu sollen.

Für das Reichsland sind im allgemeinen noch die französisch-rechtlichen Bestimmungen in Kraft, welche im Jahre 1870 für ganz Frankreich geltend waren.

Die geschichtliche Entwicklung dieser französischen Armengesetzgebung ist meisterhaft und gründlich vom Frhrn. von Reitzenstein dargestellt worden[1].

Des ferneren ist das System dieser Gesetzgebung von dem Verfasser dieses Berichtes in den „Schriften des Deutschen Vereins für Armenpflege und Wohlthätigkeit" kurz geschildert worden[2].

---

[1] „Die Armengesetzgebung Frankreichs in den Grundzügen ihrer historischen Entwickelung." Leipzig 1881.
[2] „Das System der Armenpflege in Alt-Deutschland und in den Reichslanden" von Dr. H. Ruland, Heft 27 der Vereinsschriften. Leipzig 1896.

Außerdem wird, gleichzeitig mit dem vorliegenden Berichte, eine gründliche systematische Darstellung der gesamten für die Armenpflege im Reichslande maßgebenden Gesetzgebung aus berufener Feder erscheinen[1].

Es glaubt demnach der Verfasser sich auf eine kurze Wiedergabe der reichsländischen Armengesetzgebung, soweit sie für die Beurteilung der hier zu behandelnden Sonderfrage wesentlich ist, beschränken zu sollen.

Anknüpfend hieran soll die Unterstützung von Staatsangehörigen der beiden anderen Rechtsgebiete, mit einem Worte der „Altdeutschen", in Elsaß-Lothringen vom rechtlichen und thatsächlichen Standpunkte aus erörtert werden.

Hiernach ergiebt sich folgende Einteilung:

I. Die wesentlichen Bestimmungen der elsaß-lothringischen Armengesetzgebung.

II. Die Unterstützung von Staatsangehörigen anderer Bundesstaaten in Elsaß-Lothringen.

III. Übelstände.

IV. Besserungsvorschläge.

V. Anträge zur Beschlußfassung.

I. Die wesentlichen Bestimmungen der elsaß-lothringischen Armengesetzgebung.

Das System der heute in Frankreich und in Elsaß-Lothringen noch geltenden Armengesetzgebung verdankt seine Entstehung der französischen Revolution.

Hervorgegangen aus ideal und großartig gedachten Gesichtspunkten, trägt diese Gesetzgebung heute noch den Stempel jener gewaltigen Zeit: weltverbessernde Gedanken, denen nur eines fehlt: die Ausführbarkeit! —

Die Gesetzgeber des aus den Trümmern des Königtums hervorgegangenen jungen Freiheitsstaates glaubten die Aufgabe, Armut und Elend aus der Welt zu schaffen, mit volltönenden Redensarten lösen und den letzteren gesetzliche Gestaltung geben zu können.

---

[1] R. Schwander in den Schriften des Charitasverbandes für das katholische Deutschland. 1898. Der Verfasser war, ehe er sich dem akademischen Studium zuwandte, fünf Jahre lang praktisch als Armensekretär in Colmar thätig. Der Jahresbericht 1898 des Armenrates von Colmar widmete ihm bei seinem Scheiden folgende Anerkennung:

„Mit vollstem Verständnisse für seinen Beruf und persönlicher Teilnahme an dem Lose der Armen ist Herr Schwander unermüdlich thätig gewesen, unsere Verwaltungs-Einrichtungen den Fortschritten der Neuzeit entsprechend zu vervollkommnen."

Seine auf eigner praktischer Erfahrung beruhende Darstellung des elsaß-lothringischen Systems der Armenpflege dürfte also besonders geeignet sein, das mehr geschichtlich gehaltene Reitzensteinsche Werk zu ergänzen.

Zunächst bestimmte die Verfassung vom 3. Sept. 1791, daß eine **allgemeine Verwaltung der öffentlichen Unterstützungen** geschaffen, den **arbeitsunfähigen Armen Unterhalt**, den **arbeitsfähigen Armen Arbeit von Staatswegen** beschafft werden solle.

Nachdem ferner ein Dekret vom 19. März 1793 die Fürsorge für die Armen als „**nationale Schuld**" erklärt und die „**Erklärung der Menschenrechte**" vom 20. Mai 1793 den Satz aufgestellt hatte: „**Die öffentliche Armenpflege ist eine geheiligte Schuld**", wurde diesen feierlich festgestellten Grundsätzen in der Konstitution vom 24. Juni 1793 folgende Fassung gegeben:

„**Die Gesellschaft schuldet ihren unglücklichen Bürgern den Unterhalt, sei es, indem sie ihnen Arbeit verschafft, sei es, indem sie denen, welche außer stande sind zu arbeiten die Existenzmittel sichert.**"

Alle jene „unterstützungsbedürftigen" Personen sollten nach einem ferneren Dekrete vom 11. Mai 1794 in ein „**Buch der öffentlichen Wohlthätigkeit**" eingetragen werden.

Für jedes Departement sollten in diesem Buche Normalzahlen der „Armen" festgesetzt und damit diesen „Armen" der Unterhalt gesichert sein!

Mit der Frage, **woher denn die Mittel aufgebracht werden sollten**, um diesem Wunderbuche der Wohlthätigkeit thatsächliche Wirkung zu geben, haben die Gesetzgeber sich offenbar nicht ernstlich befaßt

Sie waren überzeugt, daß die „**Gesellschaft**" des jungen Staates **freiwillig** die Gaben auf dem „Altare des Vaterlandes" niederlegen würde, welche erforderlich waren, um den in das „Buch der öffentlichen Wohlthätigkeit" Eingetragenen volle Armenhilfe zu gewähren[1]. Dieser Gedanke liegt der staatlichen Armenpflege Frankreichs und damit Elsaß-Lothringens noch heute zu Grunde.

Die fernere Gesetzgebung ist zwar vielfach bemüht gewesen, sich mit **aushilfsweiser Beschaffung** der zur öffentlichen Armenpflege unentbehrlichen Mittel zu befassen. Der Grundgedanke aber, **das System der freiwilligen (fakultativen) Armenpflege ist seit länger als einem Jahrhundert und bis auf den heutigen Tag festgehalten worden**.

Es lag auf der Hand, daß, um die „geheiligte Schuld" in der nackten Wirklichkeit erfüllen zu können, zunächst **örtliche Einrichtungen der Armenpflege** getroffen werden mußten.

Zu diesem Zwecke schuf das Gesetz vom 15. Okt. 1793 (24. Vendémiaire II) für jeden Armen ein „domicile de secours", einen „Unterstützungswohnsitz".

Der Artikel I dieses Gesetzes bestimmte:

---

[1] Man kann den ursprünglichen Anfängen dieser Gesetzgebung gegenüber Zweifel hegen, ob nicht doch der Grundgedanke einer „obligatorischen" Armenpflege dem Konvente vorgeschwebt hat.

Die in so feierlicher Weise ausgesprochenen Grundsätze haben jedenfalls Staatshilfe nach dem vollen Bedürfnisse im Auge. Dagegen läßt die fernere Entwicklung eine Ausführung dieses Gedankens vermissen.

"Le domicile de secours est le lieu où l'homme nécessiteux a droit aux secours publics."

Es sollte also das neu geschaffene Recht auf öffentliche Unterstützung dadurch verwirklicht werden, daß einem bestimmten, örtlich abgegrenzten Teile der „Gesellschaft", der Ortsgemeinde, die Bethätigung der öffentlichen Unterstützungspflicht zugewiesen wurde.

Nach Artikel II des Gesetzes soll dieser „Unterstützungswohnsitz" jedem Staatsbürger mit seiner Geburt an seinem Geburtsorte erworben sein: „Le lieu de naissance est le lieu naturel du domicile de secours."

Bis zur Großjährigkeit, also bis zum 21. Lebensjahre, behält jeder Bürger diesen „natürlichen Unterstützungswohnsitz" bei.

Nach erreichtem 21. Lebensjahre wird ein neuer Unterstützungswohnsitz für jeden Bürger dadurch begründet, daß er sich an einem anderen Orte, d. h. in einer anderen Gemeinde ununterbrochen ein Jahr lang aufhält.

Damit der Nachweis des „Unterstützungswohnsitzes" jedem Bürger erleichtert werde, stellt das Gesetz im Artikel XII die Vermutung auf, daß der einmal erworbene Unterstützungswohnsitz beibehalten werde, bis ein neuer nachweisbar erworben sei.

Außer der Geburt und dem einjährigen Aufenthalte hat das Gesetz von 1793 noch weitere Erwerbsgründe geschaffen (Verheiratung, Niederlassung gedienter Soldaten), welche in der Praxis indessen nicht anerkannt und deshalb in Wegfall gekommen sind.

Ferner hatte dieses Gesetz noch bestimmte Formvorschriften (Anmeldung, Abmeldung bei der Gemeindebehörde) festgesetzt, die ebenfalls ein toter Buchstabe geblieben sind.

Während so der Gesetzgeber glaubte, für die offene Armenpflege genügende örtliche Grundlagen geschaffen zu haben, traf er für die geschlossene Armenpflege eine nicht minder groß gedachte Einrichtung. Nach Artikel XVI und XVII sollen Gebrechliche und über 70 Jahre alte Personen, auch wenn für sie an ihrem Aufenthaltsorte die einjährige Frist noch nicht abgelaufen war, „in dem nächstgelegenen Hospize" (l'hospice le plus voisin) Aufnahme finden. Für alle armen Kranken sicherte Artikel XVIII ohne jede Rücksicht auf Erwerb des „Unterstützungswohnsitzes" am jeweiligen Aufenthaltsorte Aufnahme in „das nächste Hospiz" zu.

Es liegt auf der Hand, daß für die praktische Ausführbarkeit dieses gesetzgeberischen Gedankens zwei Erfordernisse unerläßlich waren:

1. Es mußten in jeder Gemeinde genügende **Mittel** aus „freiwilligen" Beiträgen bereitgestellt werden, um den „Armen", welche dort das „Recht" auf Armenhilfe erworben hatten, diese Armenhilfe zu leisten.

2. Es mußten so viele „**Hospize**" bestehen, oder geschaffen werden, daß allen armen Kranken, Gebrechlichen und erwerbsunfähigen Greisen die Aufnahme in solchen Anstalten gesichert war!

Auch der größte Bewunderer des „freiwilligen Systems" wird heute nicht mehr behaupten wollen, daß es jemals gelungen wäre, diese Voraussetzungen auch nur annähernd zu erfüllen!!!

Zunächst mußte in jeder Gemeinde eine Behörde geschaffen werden, welche jene „freiwillig" aufzubringenden Mittel sammeln, verwalten und den Armen zuwenden sollte.

Zu diesem Zwecke bestimmte ein ferneres Gesetz vom 27. Nov. 1796, daß in den einzelnen Gemeinden „bureaux de bienfaisance" (Armenräte) ins Leben treten sollten.

Ein solcher „Armenrat" besteht aus fünf ehrenamtlich thätigen Mitgliedern unter dem Vorsitze des Bürgermeisters. Für das Rechnungswesen wird ein Einnehmer (receveur) ernannt. Die Mitglieder des Armenrates hatte der Präfekt des Departements zu ernennen. Dieser neugeschaffenen Behörde wies dasselbe Gesetz eine besondere Einnahme durch eine Vergnügungssteuer zu: ein Zehntel der Tageseinnahmen von Theatern, Bällen und anderen öffentlichen Vergnügungen sollte dem „Armenrate" zufließen.

Spätere Ordonanzen und Dekrete (Ordonanz vom 31. Oktober 1821, Dekrete vom 17. Juni 1852 und 13. April 1861) haben die innere Einrichtung dieser Armenverwaltung näher geregelt [1].

Nach dem Gesetze von 1796 sollten die Unterstützungen möglichst in Naturalien und in den Wohnungen der Armen gereicht werden. Diese Armenpflege soll nur den arbeitsunfähigen Armen zu teil werden. Arbeitsfähige Bettler sollen zwangsweise der Gemeinde ihres Unterstützungswohnsitzes zugeführt werden.

Mit diesen beiden grundlegenden Gesetzen von 1793 und 1796 ist im wesentlichen die französische Armengesetzgebung und damit das System der freiwilligen (fakultativen) Armenpflege abgeschlossen.

Eine Durchbrechung des Grundprincips, der „Freiwilligkeit", ist im Laufe der Zeit dadurch erfolgt, daß einzelne Zweige der Armenfürsorge den „Departementen" zugewiesen worden sind. So war in Frankreich schon vor 1870 die Fürsorge für Findelkinder, Waisen und Geisteskranke durch Specialgesetze den „bureaux de bienfaisance" abgenommen und auf die „Departemente" übertragen worden.

Die geschichtliche Entwicklung dieser ersten Anfänge obligatorischer Armenpflege im Gebiete des „freiwilligen" Systems findet sich in dem erwähnten Werke v. Reitzensteins II. Abschnitt, S. 49—111 trefflich dargestellt [2].

Erwähnenswert ist noch eine Einrichtung, welche Napoleon I. gegen die Bettelei ins Leben rief: die sogenannten „dépots de mendicité", Anstalten zur Unterstützung und Beschäftigung von Bettlern. Die Einrichtung ist im Laufe der Zeit in Frankreich, wenn nicht vollständig in Verfall ge-

---

[1] Vgl. Ministerial-Instruktion vom 8. (14.) September 1823 (Bulletin de l'Intérieur S. 526) und Ministerial-Cirkular vom 16. September und 3. August 1867 (Bull. S. 392).

[2] Vgl. im übrigen das erwähnte Werk von Schwander, welches eine übersichtliche systematische Darstellung dieser Ausnahmebestimmungen giebt.

raten, so doch nicht allgemein durchgeführt worden und für Elsaß-Lothringen bedeutungslos geworden.

Der vorstehend geschilderte Zustand der Armengesetzgebung gilt im wesentlichen noch heute in Elsaß-Lothringen. Während in Frankreich nach 1870 große Fortschritte nach der obligatorischen Seite hin zu verzeichnen sind[1], ist für Elsaß-Lothringen, abgesehen von dem Gesetze über Zwangserziehung vom 18. Juli 1890, kein Fortschritt mehr zu verzeichnen.

Für die Zeit nach 1870 sind folgende Neuerungen zu erwähnen:
1. Das Gesetz über die Freizügigkeit vom 1. November 1867 wurde durch Gesetz vom 8. Januar 1873 in Elsaß-Lothringen eingeführt.
2. Der Gothaer Vertrag vom 15. Juli 1851 wurde durch dasselbe Gesetz auf Elsaß-Lothringen ausgedehnt.
3. Durch Bundesratsbeschluß vom 6. December 1873 wurde die Eisenacher Konvention vom 11. Juli 1853 auf Elsaß-Lothringen anwendbar erklärt.
4. Durch die Gemeindeverordnung vom 1. April 1896 wurde bestimmt, daß die Mitglieder der Armenräte nicht mehr vom Präfekten (Bezirkspräsidenten) ernannt, sondern vom Gemeinderate gewählt werden sollen.

Diese letzterwähnte Neuerung bedeutet einen Rückschritt, da sie Parteirücksichten in das Armenwesen einführt.

Welchen Einfluß die Einführung des Freizügigkeitsgesetzes sowie die Anwendbarkeit des Gothaer Vertrages und der Eisenacher Konvention auf die Beziehungen Elsaß-Lothringens zu Altdeutschland gehabt haben, wird im folgenden Abschnitte zu prüfen sein.

Hier ist nur noch ein für die vorliegende Darstellung wesentlicher Umstand zu betonen:

Die französische Armengesetzgebung trifft überhaupt keinerlei gesetzliche Fürsorge für verarmte Ausländer. Weder die „bureaux de bienfaisance" noch die „hospices" erscheinen irgendwie verpflichtet, einem Nicht-Franzosen Armenhilfe zu leisten! Derartige Arme sind also der öffentlichen Mildthätigkeit vollständig überlassen, mit anderen Worten: ausschließlich auf den Bettel verwiesen.

Ein „Ausländer" kann, so lange er nicht die französische Nationalität erworben hat, weder „Unterstützungswohnsitz" innerhalb des französischen Gebietes erwerben noch irgend welchen Anspruch auf Armenhilfe erheben.

Dieser Grundsatz gilt seit der Einverleibung Elsaß-Lothringens in das Deutsche Reich auch für das Verhältnis des Reichslandes zu den übrigen deutschen Bundesstaaten!

In Ansehung der Armenhilfe gelten demnach die Staatsangehörigen der altdeutschen Bundesstaaten in Elsaß-Lothringen als „Ausländer"!

Denselben ist, falls sie in Elsaß-Lothringen unterstützungsbedürftig werden, öffentliche Armenhilfe nur insoweit gewährleistet, als seit Einführung der vorerwähnten deutschen Gesetze, bezw. Staatsverträge eine solche angeordnet ist. Wie weit eine solche Armenhilfe thatsächliche Bedeutung hat, ist später zu prüfen.

---

[1] Vgl. Nachwort zu Heft 27 der Vereinsschriften S. 48 ff.

Schließlich ist noch zu erwähnen, daß die Bundesstaaten Baden, Württemberg und Hessen durch ein besonderes „Abkommen" vom Jahre 1896 ihren Unterthanen in Elsaß-Lothringen besondere Vergünstigungen zugesichert haben, welche gleichfalls in dem nachfolgenden Abschnitte des näheren zu behandeln sein werden.

Für die vorliegende Aufgabe ergeben sich aus dieser Darstellung der elsaß-lothringischen Armengesetzgebung im wesentlichen vier Folgerungen, deren Bedeutung für das Verhältnis zu Altdeutschland auf der Hand liegt.

Es sollen deshalb hier diese Folgerungen in unmittelbaren Vergleich mit den entsprechenden Grundsätzen des altdeutschen Rechtsgebietes gebracht und nebeneinander gestellt werden.

Rechtsgebiet des „Unterstützungswohnsitzes" und des „Heimatrechtes" („obligatorische" Armenpflege):	Rechtsgebiet von Elsaß-Lothringen („fakultative" Armenpflege):
1. Die öffentliche Armenpflege hat ihre Unterstützungen nach dem **Bedürfnisse zu bemessen**.	1. Die Unterstützung, welche die öffentliche Armenpflege leistet, richtet sich **nicht nach dem Bedürfnisse des Armen, sondern nach den vorhandenen Mitteln**!
2. Die zur öffentlichen Armenhilfe erforderlichen Mittel sind, soweit **sie nicht durch private Wohlthätigkeit beschafft werden, auf dem Zwangswege als öffentliche Last bereit zu stellen**.	2. Diese Mittel werden — abgesehen von geringen Lustbarkeitssteuern — nur durch **freiwillige Beiträge** aufgebracht. Hat die örtliche Armenpflege **keine Mittel, so hört jede Wirksamkeit derselben auf**!
3. Für jeden Staatsangehörigen anderer Bundesstaaten, also für jeden Elsaß-Lothringer, ist **sofortige örtliche Armenhilfe dem Bedürfnisse entsprechend gesetzlich gewährleistet**. In einem Teile dieses Rechtsgebietes (Preußen) kann der Elsaß-Lothringer sogar Unterstützungswohnsitz und damit **volle Gleichstellung mit dem Inländer erwerben**.	3. Für **Staatsangehörige anderer Bundesstaaten** hat das Gesetz — abgesehen von den Ausnahmebestimmungen des Freizügigkeitsgesetzes und der erwähnten Staatsverträge — **keine sofortige örtliche und überhaupt keine Armenhilfe vorgesehen**. Soweit eine solche ausnahmsweise zu leisten ist, erfolgt sie nicht nach dem Bedürfnisse, sondern nach den Grundsätzen des reichsländischen Gesetzes, also nur, insoweit Mittel vorhanden sind. Einen „Unterstützungswohnsitz" können „Altdeutsche" als solche in Elsaß-Lothringen nicht erwerben. Für Preußen besteht keine Gegenseitigkeit.

4. Eine „Ausweisung" aus diesem Rechtsgebiete darf Reichsangehörigen, also auch Elsaß=Lothringern, gegenüber, nur dann erfolgen, wenn **dauernde Unterstützungsbedürftigkeit** eingetreten ist.

Bei **vorübergehender** Unterstützungsbedürftigkeit genießen solche Reichsangehörige volle, dem Bedürfnisse entsprechende Armenhilfe.

Bei erfolgender Ausweisung kann nur insofern Ersatz beansprucht werden und wird nur insofern an andere Staaten bezw. Verbände oder Gemeinden, also auch an Elsaß=Lothringen, Ersatz geleistet, als die Fürsorge länger wie drei Monate gedauert hat.

4. Eine „Ausweisung" aus Elsaß=Lothringen darf andern Reichsangehörigen gegenüber nur dann erfolgen, wenn **dauernde Unterstützungsbedürftigkeit** eingetreten ist.

Bei **vorübergehender** Unterstützungsbedürftigkeit ist „Altdeutschen" in Elsaß=Lothringen, nur soweit Erkrankung eingetreten, also die Eisenacher Konvention anwendbar ist, Armenhilfe überhaupt zugesagt.

Soweit eine solche in Frage kommt, wird nicht eine **dem Bedürfnisse entsprechende**, sondern nur **fakultative** Armenhilfe geleistet.

Bei erfolgender Ausweisung kann die elsaß=lothringische Gemeinde von der altdeutschen vollen Ersatz der geleisteten Fürsorge verlangen, wenn die Armenhilfe länger als drei Monate gedauert hat.

Dagegen können altdeutsche Gemeinden und Verbände für die Unterstützung eines Elsaß=Lothringers in diesem Falle nur **dann Ersatz erhalten**, wenn und soweit ein solcher „freiwillig" geleistet wird.

II. Die Unterstützung von Staatsangehörigen anderer Bundesstaaten in Elsaß=Lothringen.

Die obige Darstellung hat gezeigt, daß den Staatsangehörigen anderer Bundesstaaten — der Kürze halber seien dieselben fernerhin kurzweg als „Altdeutsche" bezeichnet — nur in Ausnahmefällen und dann nur eine **beschränkte Armenhilfe** in dem reichsländischen Rechtsgebiete gewährleistet ist.

Ehe diese Ausnahmefälle im einzelnen erörtert werden, ist ein wichtiger Umstand nochmals zu betonen: Abgesehen von der angeblichen Bevorzugung einzelner süddeutscher Bundesangehörigen ist den „Altdeutschen" im Reichslande **niemals** eine den **Bedürfnissen** entsprechende Armenhilfe zu gewähren! Vielmehr erfolgt die Unterstützung, soweit sie ausnahmsweise in Frage kommen kann, nur nach **inländischen** Grundsätzen, also nur insoweit am Unterstützungsorte **Mittel** vorhanden sind.

Fehlen die Mittel, oder sind sie ungenügend, so besteht für das Reichsland keine bezw. nur eine teilweise Unterstützungspflicht!

Unter dieser Beschränkung gelten nachfolgende Ausnahmebestimmungen:

I. Nach § 7 des Freizügigkeitsgesetzes ist das Reichsland verpflichtet, denjenigen „Altdeutschen", welche es nach § 5 dieses Gesetzes **auszuweisen** berechtigt ist, also allen dauernd unterstützungsbedürftigen „Altdeutschen", Armenhilfe zu leisten.

Der § 7 bestimmt:

„**Bis zur Übernahme seitens des verpflichteten Staates ist der Aufenthaltsstaat zur Fürsorge für den Auszuweisenden am Aufenthaltsorte nach den für die öffentliche Armenpflege in seinem Gebiete gesetzlich bestehenden Grundsätzen verpflichtet.**"

Diese Ausweisung ist den Altdeutschen gegenüber unbeschränkt zulässig, sobald eine „**dauernde Unterstützungsbedürftigkeit eingetreten ist.**"

Wenn die Unterstützung „wegen einer nur **vorübergehenden Arbeitsunfähigkeit** notwendig geworden ist" „muß die Fortsetzung des Aufenthaltes in Elsaß-Lothringen nach §§ 1 und 5 des Freizügigkeitsgesetzes zwar geduldet werden.

Die **thatsächliche Fürsorge** für den vorübergehend unterstützungsbedürftigen „Altdeutschen" richtet sich aber danach, ob am Unterstützungsorte **Mittel vorhanden sind**.

Mit anderen Worten der betreffende „**Altdeutsche**" **kann möglicherweise im Falle** „**vorübergehender Arbeitsunfähigkeit**" bei gutem Willen und gefüllter Kasse des örtlichen Armenrates bezw. der Aufenthalts-Gemeinde **vorübergehende Armenhilfe finden**!

II. Nach der Eisenacher Konvention ist „Altdeutschen" in Elsaß-Lothringen:

„im **Erkrankungsfalle die nötige Kur und Verpflegung nach denselben Grundsätzen, wie bei eigenen Unterthanen, zu gewähren.**"

Inwieweit nach den unter I und II aufgeführten Bestimmungen ein Kostenersatz zu leisten ist, bedarf hier keiner Erörterung, da diese Frage sich nach den bekannten Bestimmungen des Freizügigkeitsgesetzes und der Eisenacher Konvention beantwortet. Dagegen wird die hier wesentliche Frage, welche **thatsächliche** Bedeutung den vorstehenden Bestimmungen für die den „Altdeutschen" zugesicherte Armen- und Krankenpflege zuzumessen ist, in dem folgenden Abschnitte noch näher zu erörtern sein.

Hier bleibt noch das mehrfach erwähnte „Abkommen" zu besprechen, welches den Unterthanen von Baden, Württemberg und Hessen in Elsaß-Lothringen eine besondere und begünstigte Stellung geben soll.

Dieses „Abkommen" wird als Anhang zum gegenwärtigen Berichte wörtlich mitgeteilt. Die Entstehungsgeschichte desselben dürfte allen Fachgenossen bekannt sein.

Die Lage des Armenwesens in Elsaß-Lothringen hat im Verhältnisse zu den altdeutschen Bundesstaaten so bedeutende Mißstände hervorgebracht, daß schon seit langen Jahren **von altdeutscher Seite** auf eine durchgreifende Änderung der Gesetzgebung in Elsaß-Lothringen gedrängt wurde.

Hier genügt der Hinweis auf den Bericht der Reichstags-Kommission zur Novelle über den Unterstützungswohnsitz, Session 1892/93[1], und die

---

[1] Drucksachen des Reichstages II. Session 1892/93 Nr. 227.

Resolution des Reichstages vom 26. Januar 1894. Während der deutsche Reichstag eine Abhilfe gegen diese Mißstände nur in der Ausdehnung des deutschen Gesetzes über den Unterstützungswohnsitz auf Elsaß-Lothringen für möglich erachtet hat, stehen sowohl die elsaß-lothringischen Volksvertreter im Reichslande als die Mehrheit des reichsländischen Landesausschusses auf dem Standpunkte, daß Elsaß-Lothringen eine **bessere Armenpflege** besitze wie Altdeutschland!!!

Um dem Drängen der altdeutschen Bundesstaaten ein Ende zu bereiten und die Einführung des angeblichen „Zwangsgesetzes" in Elsaß-Lothringen überflüssig zu machen, hat der Landesausschuß am 23. April 1896 folgende Resolution beschlossen:

„Der Landesausschuß richtet an die Regierung das Ersuchen, dahin zu wirken, daß das Reichsgesetz, betreffend den Unterstützungswohnsitz vom 6. Juni 1870 in Elsaß-Lothringen **nicht eingeführt werde**. Der Landesausschuß erklärt sich damit einverstanden, daß den in Elsaß-Lothringen hilfsbedürftig gewordenen Staatsangehörigen der Bundesstaaten, unter dem Vorbehalte der Gegenseitigkeit, eine **angemessene Unterstützung** gewährt und zu diesem Zwecke ein entsprechender Kredit in den Landeshaushaltsetat eingestellt werde."

Daraufhin kam am 26. September 1896 das fragliche „Abkommen" zwischen Baden und Elsaß-Lothringen zu stande, welchem Württemberg und Hessen beigetreten sind und welches mit dem 1. April 1897 in Kraft getreten ist.

Die **Wirkungen** dieses Abkommens sind im nachfolgenden Abschnitte zu prüfen. Hier sollen nur dessen **wesentliche Bestimmungen** kurz hervorgehoben werden.

Staatsangehörige der genannten drei Bundesstaaten, welche nach zurückgelegtem 18. Lebensjahre sich mindestens fünf Jahre in Elsaß-Lothringen aufgehalten haben, sollen mit ihren Familienangehörigen im Falle der Unterstützungsbedürftigkeit **nicht mehr ausgewiesen werden**.

Der Lauf der fünfjährigen Frist wird unterbrochen, sobald vor deren Ablauf ein Übernahmeantrag gestellt ist.

Für solche Personen, welche vor dem 1. April 1897 in Elsaß-Lothringen bereits Armenhilfe bezogen haben, beginnt die Frist erst mit dem Zeitpunkte, an welchem die Zahlung der Unterstützung eingestellt wurde.

Unterstützungen von weniger als 20 Mark jährlich kommen nicht in Betracht.

Den nach fünfjährigem Aufenthalte unterstützungsbedürftig gewordenen Angehörigen der betreffenden Bundesstaaten soll:

„während der Dauer der Unterstützungsbedürftigkeit unter Verwendung der etwa vorhandenen Arbeitskraft der **unentbehrliche Unterhalt gewährt**" werden.

„Für die hieraus erwachsenden Aufwendungen soll **aus öffentlichen Mitteln der Armenpflege des anderen Landes ein Ersatz nicht beansprucht werden.**"

Solchen Personen gegenüber, welche nach fünfjährigem Aufenthalte in Elsaß-Lothringen aus freier Willensentschließung und ohne behördliche Einwirkung ihren Aufenthalt in das Gebiet des anderen Teiles zurückverlegen, erlischt die Unterstützungspflicht.

Für die Kündigung des Übereinkommens „vor Einführung des Unterstützungswohnsitzgesetzes in Elsaß-Lothringen" sind bestimmte Vereinbarungen getroffen.

Das Abkommen ist ein gegenseitiges, so daß auch den innerhalb der beteiligten altdeutschen Bundesstaaten unterstützungsbedürftig gewordenen Elsaß-Lothringern gleiche Vorteile gesichert sind.

Zum Vollzuge dieses Abkommens in Elsaß-Lothringen ist unter dem 18. März 1897 eine Verfügung des Ministeriums erlassen, aus welcher für den gegenwärtigen Bericht besonders folgende Bestimmung von Bedeutung ist:

. . . .

„8. Denjenigen hilfsbedürftigen Personen, welche nach den Bestimmungen der Ziffer I des Abkommens nicht ausgewiesen werden können, ist nach Ziffer IV a. a. O. während der Dauer ihrer Unterstützungsbedürftigkeit unter Verwendung der etwa vorhandenen Arbeitskraft der **unentbehrliche** Unterhalt zu gewähren, ohne daß ein Ersatz von dem an sich zur Übernahme verpflichteten Staate gefordert werden kann."

„9. Soweit nicht die private Armenpflege aushilft, hat zunächst die Gemeinde des Wohnortes (bezw. der betreffende Armenrat oder das betreffende Hospital) die Pflicht, für den **notwendigen** Unterhalt bezw. die notwendige Pflege aufzukommen. Der Aufsichtsbehörde liegt es ob, nötigenfalls die Gemeinden im Verwaltungswege — ein direkter Zwang ist nach Lage der Gesetzgebung unzulässig — hierzu anzuhalten.

„Den Gemeinden pp. wird auf Antrag für die aufgewendeten Kosten unter Berücksichtigung der besonderen Umstände des Falles (Dauer des Aufenthalts des Hilfsbedürftigen in der Gemeinde, Vermögenslage pp.) aus Staatsmitteln thunlichst Ersatz gewährt werden. Die bezüglichen Gesuche sind von der Aufsichtsbehörde zu prüfen und zu begutachten und bis auf weiteres von den Bezirkspräsidenten gesammelt vierteljährlich mit entsprechenden Anträgen dem Ministerium vorzulegen.

„Falls die Gemeinde über genügende Mittel nicht verfügt oder die Gewährung der erforderlichen Unterstützung aus sonstigen Gründen Schwierigkeiten begegnet, ist die Bereitstellung der notwendigen Mittel alsbald bei dem Ministerium zu beantragen."

Sowohl dieses „Abkommen" wie der zu seiner Ausführung ergangene Ministerialerlaß vom 18. März 1897 bringen für das elsaß-lothringische Rechtsgebiet eine Neuerung von durchschlagender Bedeutung: Den Unterthanen der drei süddeutschen Bundesstaaten wird durch dieses „Abkommen" der „unentbehrliche" Unterhalt sowie die „notwendige" Pflege zugesichert!

Damit ist für diese Unterthanen, wenigstens dem Buchstaben nach, die obligatorische Armenpflege eingeführt!

Die Bedeutung dieser Thatsache wird im folgenden Abschnitte zu prüfen sein.

Hier ist bezüglich der für die Unterstützung von Staatsangehörigen anderer Bundesstaaten in Elsaß-Lothringen geltenden rechtlichen Grundsätze folgendes **Endergebnis** festzustellen:

1. Die reichsländische Armengesetzgebung sichert den „altdeutschen" Staatsangehörigen **grundsätzlich keine Armenhilfe** zu!

2. Insoweit durch das Freizügigkeitsgesetz und die Eisenacher Konvention **vorübergehende Armen-** bezw. Krankenhilfe den altdeutschen Staatsangehörigen in Aussicht gestellt ist, wird diese Hilfe **nicht nach dem Bedürfnisse**, sondern nach den zufällig vorhandenen Mitteln bemessen, also unter Umständen gänzlich verweigert!

8. **Ausnahmsweise** ist den Staatsangehörigen von Baden, Württemberg und Hessen nach fünfjährigem Aufenthalte Armenhilfe dem **Bedürfnisse** entsprechend zugesichert!

III. Übelstände.

Die bisherige Darstellung hat sich darauf beschränkt, die in Elsaß-Lothringen für die öffentliche Armenpflege der inländischen Bevölkerung einerseits und für die Unterstützung der Staatsangehörigen der altdeutschen Bundesstaaten andererseits geltenden Rechtsgrundsätze darzustellen. Wenn nunmehr die **Übelstände** dieser gesetzlichen Lage in Kürze nachgewiesen werden sollen, so empfiehlt es sich, hierbei zwei **Gesichtspunkte** hervorzuheben.

Eine öffentliche Armenpflege, welche der **inländischen** Armenbevölkerung nur eine mangelhafte Hilfe leisten kann, wird um so weniger imstande sein, den ausländischen Staatsangehörigen anderer Bundesstaaten eine **genügende Armenhilfe zu bieten**!

Es werden also zunächst die Mängel des elsaß-lothringischen Armenpflege-Systems kurz hervorzuheben und — hieran anknüpfend — die Nachteile zu erörtern sein, welche sich für die Unterstützung altdeutscher Staatsangehörigen nachweisen lassen.

A. Wie bereits hervorgehoben, besteht zwischen dem gesamten **altdeutschen System** und dem **elsaß-lothringischen System** ein tiefer Gegensatz: Es ist der Gegensatz zwischen der heutigen „Armenpflege" im technischen Sinne des Wortes[1] und der alten überlebten „Almosenwirtschaft"!

Für jeden Fachmann und jeden Kenner der echten „individualisierenden" Armenpflege, ja für jeden Laien, der in unmittelbare Berührung mit einer wirklichen Armenbevölkerung getreten ist, erscheint es geradezu unfaßbar, daß in maßgebenden elsaß-lothringischen Kreisen noch der Widerstand gegen die

---

[1] Eine vorzügliche Einführung in die Grundsätze der „Armenpflege" im heutigen Sinne des Wortes giebt Münsterberg, „Die Armenpflege", Berlin, Otto Liebmann 1897! Das Buch kann allen auf diesem socialen Gebiete thätigen Personen und Verwaltungen nicht dringend genug empfohlen werden. Es ist eine wirkliche „Einführung in die praktische Pflegethätigkeit", als welche es der Verfasser bezeichnet. Für Elsaß-Lothringen wäre allerdings eine französische Übersetzung notwendig, wenn es dort in absehbarer Zeit Aufklärung bringen soll.

Einführung einer wirklichen „Armenpflege" im heutigen Sinne des Wortes festgehalten werden kann!

Der Verfasser dieses Berichtes ist bereits im Jahre 1896 bemüht gewesen, dem Kongresse des Deutschen Vereins für Armenpflege und Wohlthätigkeit in Straßburg den traurigen Zustand der elsaß-lothringischen öffentlichen Armenpflege auf Grund einer langjährigen Erfahrung und an der Hand statistischer Nachweisungen darzulegen. Eine Wiederholung dieser Darstellung erscheint hier zwecklos!

Der Verfasser hat sich in seiner damaligen Erwartung nicht getäuscht: Seine Ausführungen sind auf die leitenden reichsländischen „Volksvertreter" ohne jeden Eindruck geblieben!

Nach der Ansicht dieser Herren besitzt Elsaß-Lothringen nach wie vor eine vorzügliche Armenpflege. Die private Wohlthätigkeit der Elsaß-Lothringer ist nach wie vor viel größer, als die Privat-Wohlthätigkeit in Altdeutschland.

Eine Änderung des Systems wird nur deshalb gefordert, um der eingewanderten altdeutschen Bevölkerung, die meistens den ärmsten Kreisen angehört und aus „zweifelhaften Elementen" besteht, **auf Kosten Elsaß-Lothringens** eine bessere Lage zu sichern und diese dem Lande höchst nachteilige Einwanderung noch zahlreicher heranzuziehen!

Während angeblich nur wenige Elsaß-Lothringer in Altdeutschland unterstützungsbedürftig werden, würde umgekehrt bei Einführung des Gesetzes über den Unterstützungswohnsitz, eine unverhältnismäßig große Masse von Altdeutschen im Reichslande der öffentlichen Armenpflege zur Last fallen! Es wäre deshalb eine Ungerechtigkeit, von Elsaß-Lothringen zu verlangen, daß es diesem altdeutschen Proletariate eine gleiche Armenhilfe, wie den Elsaß-Lothringern, geschweige denn eine obligatorische Armenpflege biete!

Leider ist die Selbstschätzung dieser Herren bedeutend größer, wie ihre Kenntnis auf dem Gebiete der Armenpflege und wie ihr Einblick in die wahre Lage der inländischen Armenbevölkerung!

Daß inzwischen in Frankreich die Erkenntnis für die Unhaltbarkeit des fakultativen Systems durchgedrungen ist und daß unter der Führung Henry Monods und seiner zahlreichen Mitarbeiter bereits großartige Erfolge durch weitere Zugeständnisse an das obligatorische System erreicht sind, ist diesen Herren ebenso unbekannt, wie die Erfolge des „Elberfelder-Systems" und die großartigen Schöpfungen der Armenpflege in zahlreichen deutschen Städten!

Der internationale Kongreß im Jahre 1889 in Paris, auf welchem übrigens Deutschland gar nicht vertreten war, hat bereits über die „Almosenwirtschaft" auf Grund eingehender Verhandlungen den Stab gebrochen, indem er das „Zwangsgesetz", die „obligatorische Armenpflege" für notwendig erklärte!

Den gleichen Beschluß hat der deutsche Kongreß im Jahre 1896 in Straßburg gefaßt:

Trotz alledem bleibt die elsaß-lothringische Volksvertretung bei ihrer angeblichen Überzeugung, daß trotz des bereits hundertjährigen Stillstandes der Gesetzgebung eine Änderung nicht geboten sei!

Wie aber stellt sich die Statistik zu dieser Auffassung?

Elsaß-Lothringen hat 1697 Gemeinden, in 976 Gemeinden besteht überhaupt kein Armenrat, also auch keine örtliche „Armenpflege". Von den übrigen 721 Gemeinden haben überhaupt nur 568 eine budgetmäßige Nachweisung über die angebliche „Verwaltung" dieser Armenräte. Man werfe nur einen Blick auf die statistischen Nachweise über diejenigen Summen, welche in den einzelnen Gemeinden für die offene Armenpflege „freiwillig" aufgebracht werden, und man fragt sich erstaunt, wie in den meisten Gemeinden mit diesen Mitteln überhaupt eine Armenhilfe möglich ist!

Im gesamten Lande bestehen 117 „Hospitäler" und „Hospize" und diese sollen alle von der offenen Armenpflege nicht versorgten armen Kranken, Gebrechlichen und Greise über 70 Jahre aufnehmen! Dabei ist in Elsaß-Lothringen, dem „reichen" Lande, die Bettelei so großartig entwickelt, wie in keinem anderen deutschen Lande[1].

Und wie steht es mit der angeblichen Armut und Unterstützungsbedürftigkeit der altdeutschen Einwanderer?

Es wäre doch eine merkwürdige Thatsache, wenn die deutsche Einwanderung, die in allen übrigen Ländern der Welt sich als überaus arbeitstüchtig und leistungsfähig bewiesen hat, und in vielen überseeischen Staaten zur Hebung des Wohlstandes mit allen Mitteln herangezogen wird, gerade in dem einzigen Elsaß-Lothringen Armut und Bettelei befördern sollte!

Man bringe doch endlich einmal greifbare Beweise für diese doch leicht zu beweisende Behauptung!

Man stelle die Gesamtzahl der altdeutschen Einwanderer und den Prozentsatz ihrer Verarmung fest und vergleiche diese Zahlen mit der Gesamtzahl der eingeborenen elsaß-lothringischen Bevölkerung und dem Prozentsatze ihrer Verarmung!

Wenn dann der Prozentsatz der verarmten Altdeutschen größer ist, als derjenige der verarmten Inländer, wenn also im Verhältnisse zur gesamten Zahl der Einwanderer bei diesen eine größere Verarmung festzustellen sein sollte, als bei den Elsaß-Lothringern, dann würde den gegnerischen Behauptungen wenigstens eine gewisse Berechtigung zuzugestehen sein!

Leider giebt es eine derartige Statistik für das Reichsland nicht und kann auch, wie später zu zeigen sein wird, einstweilen mangels der nötigen Unterlagen kaum beschafft werden. Soweit aber in einzelnen Gemeinden (Straßburg und Colmar) überhaupt Personalakten im technischen Sinne des Wortes für die Armenpflege geführt werden, hat sich ein überraschend günstiges Ergebnis für die altdeutsche Einwanderung herausgestellt! Hiernach erreicht die Zahl der unterstützungsbedürftigen Altdeutschen nicht den Prozentsatz, welcher ihr im Verhältnis zur eingeborenen Be-

---

[1] Vgl. v. Hippel: „Die strafrechtliche Bekämpfung von Bettel, Landstreicherei und Arbeitsscheu" 1895. Sachsen hat 2,4%, Mecklenburg 24,9%, Elsaß-Lothringen 43,4% „beschränkt Arbeitsfähiger" in seinen Arbeitshäusern!

völkerung zustehen würde[1]. Sollte aber diese Beobachtung für das ganze Land zutreffen, dann wäre es eine grobe Entstellung der Wahrheit, behaupten zu wollen, die endgültige Übernahme dieser Unterstützungen auf das Land sei eine Unbilligkeit! **Denn dann trägt die altdeutsche Einwanderung die von ihr herbeigeführte Armenlast selbst.**

Die nicht unterstützungsbedürftigen Altdeutschen tragen ebenso, wie die Elsaß-Lothringer, zur öffentlichen Armenlast bei[2]!

Diese Prozentsätze und das Verhältnis zur inländischen Bevölkerung sind entscheidend und nicht die Anzahl der verarmten Altdeutschen an und für sich. Man bringe also anstatt leerer und in sich unglaubwürdiger Behauptungen endlich einmal **zahlenmäßige Beweise** für die angebliche Mehrbelastung des Reichslandes durch die Überflutung mit verarmten altdeutschen Einwanderern!

Und wie sieht es mit der größeren Wohlthätigkeit in Elsaß-Lothringen aus?

Gewiß soll nicht geleugnet werden, daß in der reichsländischen Bevölkerung, die ja zum größten Teile echt deutscher Abstammung ist, ein lebhafter Zug der Wohlthätigkeit vorhanden ist.

Aber sind die freiwillig aufgebrachten Summen größer als diejenigen, welche unter gleichen, oder auch nur ähnlichen Verhältnissen in Altdeutschland trotz der dort bestehenden obligatorischen Armenpflege aufgebracht werden[3]?

Wer die Böhmertschen „Ehrentafeln" verfolgt, wer einen Einblick in die großartigen Schöpfungen **privater Wohlthätigkeit und werkthätiger Armenpflege** gewonnen hat, welche den wirtschaftlichen Aufschwung Altdeutschlands als sichtbares Zeichen allgemeinen Wohlthätigkeitssinnes begleiten, der wird dann den von so hoher Selbstschätzung zeugenden Worten der elsaß-lothringischen Volksvertreter berechtigte Zweifel entgegenbringen!

Die jammervollen Zustände der offenen Armenpflege in Mülhausen und Metz — kleinere Städte und das offene Land gar nicht zu erwähnen — sprechen eine deutliche Sprache[4]!

Ist es doch eine ganz unbestreitbare Thatsache, daß in vielen Wohl-

---

[1] Unter den Städten dürfte vielleicht Metz eine Ausnahme machen, da sich dort im Laufe der Jahre eine verhältnismäßig große altdeutsche Armenbevölkerung angesammelt hat. Dort herrschen aber auch solch vorsündflutliche Verhältnisse der Armenpflege, daß Armut und Bettelei geradezu künstlich gezüchtet werden! Vgl. Bericht des Verfassers 1896 S. 31.

[2] Vgl. „Nachwort" zu Heft 27 der Vereinsschriften S. 60 nebst „Berichtigung".

Selbstverständlich wird auch hier behauptet werden, die altdeutschen Einwanderer könnten, weil sie meist ohne großes Vermögen seien, nicht soviel an „Wohlthätigkeit" leisten, als die eingeborene Bevölkerung.

Dem gegenüber darf der Wahrheit entsprechend auf die segensreiche Thätigkeit der deutschen Frauenvereine sowie darauf hingewiesen werden, daß in den größeren Städten sich die altdeutsche Bevölkerung lebhaft an den Armenlasten beteiligt.

[3] Man vergleiche Böhmerts vortreffliches Werk: „Das Armenwesen in 77 deutschen Städten" und sein Urteil über Straßburg S. 129:

„Die Armenpflege in Straßburg wie in Elsaß-Lothringen überhaupt steht hinter derjenigen in anderen Teilen des Deutschen Reiches zurück."

[4] Vgl. den Bericht des Unterzeichneten, Heft 27 der Vereinsschriften S. 30 fg.

fahrtsbestrebungen (Volksküchen, Koch- und Haushaltungsschulen, Volks-
bädern u. dergl.) die elsaß-lothringischen Städte weit hinter den Städten
gleicher Einwohnerzahl in Altdeutschland zurückstehen[1].

Bisher haben, soweit dem Verfasser bekannt, überhaupt nur zwei Gemeinden in ganz Elsaß-Lothringen den Versuch gemacht, eine offene Armenpflege im heutigen Sinne des Wortes unter Heranziehung ehrenamtlicher Armenpfleger, Durchführung von Personalakten und syste-
matischer Armenhilfe, kurz eine „Individualisierung" der Armenpflege einzurichten! (Straßburg und Colmar.)

Der Armenrat von Colmar hat, nachdem er fünf Jahre lang das
fakultative System mit den heutigen socialen Anforderungen zu vereinigen
versucht hat, seine Erfahrungen in einer Denkschrift und in einem Jahres-
berichte niedergelegt.

Da dieser Armenrat vier altelsässische und nur ein altdeutsches Mitglied
hat, so dürften seine auf langjähriger praktischer Erfahrung beruhenden Ausführungen vielleicht die Vertheidiger des fakultativen Systems veranlassen,
endlich einmal in eine sachliche Prüfung der Streitfrage einzutreten!

Die erwähnte Denkschrift stellt zunächst den heutigen Begriff der „Armenpflege" fest und führt dann aus:

„Mögen Wohlthätigkeitssinn und Almosengeben in einem Lande oder
einer Gemeinde noch so großartig entwickelt sein, ohne Zusammenwirken
mit einer zielbewußten und systematisch eingerichteten wirklichen „Armenpflege", vermögen sie Armut und Elend höchstens für den Augenblick zu
lindern, niemals aber erfolgreich zu bekämpfen.

Das Wesen dieser „Armenpflege" beruht darin, daß sie das Übel
bei der Wurzel aufsucht, den Grund der Verarmung ermittelt und ziel-
bewußt ihre Mittel nur dazu verwendet, den Armen und seine Familie,
soweit dies möglich ist, aus der „Armut" zu erlösen, ihn wieder
wirtschaftlich selbständig zu stellen!

Damit der „Armenpflege" dieses hohe Ziel erreichbar sei, müssen
ihr **die Mittel** zu Gebote stehen, welche dem ermittelten wirklichen Bedürfnisse des Armen entsprechen!

Der Armenrat steht mit vollster Überzeugung auf dem Standpunkte
der Neuzeit, daß eine diesen hohen Anforderungen entsprechende Armenpflege nur möglich ist, wenn nach genauester Prüfung eines
jeden einzelnen Unterstützungsfalles und auf Grund
sicherer Personalakten die Unterstützung nach dem **wirklichen
Bedürfnisse**, nicht etwa nach den zufällig in der Armenkasse **vorhandenen
Mitteln** bemessen wird!

Eine Armenverwaltung, welche nicht nach diesem Grundsatze zu
unterstützen in der Lage ist, erscheint ohnmächtig und zwecklos! Sie ver-

---

[1] In Straßburg und Mülhausen liegen anerkennenswerte Leistungen auf
dem Gebiete der Arbeiterwohnungsfrage vor. Metz und Colmar bieten dagegen ein
trauriges Bild. In Colmar ist dem Armenrate durch Stadtratsbeschluß untersagt
worden, sich mit dieser Frage praktisch zu befassen, da dieselbe nur die „Private
Initiative" angehe!

mag zwar, ebenso wie wohlthätige Vereine oder Privatpersonen, „Al=
mosen" auszuteilen und damit, von einzelnen Ausnahmen abgesehen,
das sociale Elend künstlich zu verlängern! Aber den einzigen Zweck einer
wirklichen „Armenpflege": den Armen von der Armenhilfe wie=
der unabhängig zu machen, muß sie verfehlen!

Dieses hohe Ziel vermag eine Armenverwaltung niemals zu erfüllen,
wenn sie nicht dem erkannten wirklichen Bedürfnisse entsprechend zu
unterstützen in der Lage ist! Leider ist Elsaß=Lothringen auf dem Gebiete
des Armenwesens infolge eines hundertjährigen Stillstandes seiner Gesetz=
gebung weit hinter seinen Nachbarländern zurückgeblieben!

Für unser Land gilt heute noch die Gesetzgebung der Jahre 1793
und 1796! Dieselbe beruht auf der Anschauung, daß alle zur öffent=
lichen Armenpflege erforderlichen Mittel durch frei=
willige Leistungen wohlthätiger Personen aufgebracht
werden können: sogenannte „freiwillige (fakultative) Armenpflege".

Die Wohlthätigen sollen alle Armenlasten tragen, die **Geizigen
und Hartherzigen haben nichts zu leisten!!!"**

Alsdann schildert die Denkschrift die für Colmar besonders obwaltenden
örtlichen Schwierigkeiten und fährt dann fort:

„Diesen Schwierigkeiten gegenüber fehlt es dem Armenrate an der
Möglichkeit, den ersten und wichtigsten Verwaltungsgrundsatz seiner
Thätigkeit zu Grunde zu legen, einen Grundsatz, der sonst für jede
gesunde „Verwaltung" und für jedes Familienhaupt maßgebend ist: den
Grundsatz nämlich, daß für die notwendigen **Ausgaben** ent=
sprechende **Einnahmen** gesichert sein müssen.

Eine Verwaltung, welche in den blauen Dunst hinein ausgibt, ohne
zu wissen, ob sie ihre Ausgaben **decken** kann, ist keine Verwaltung,
sondern eine Mißverwaltung!

So lange nicht mit dem seit mehr als hundert Jahren bestehenden
längst überlebten Gesetze endgültig gebrochen ist, bleibt den Gemeinden in
Elsaß=Lothringen allerdings nur übrig, wenigstens soviel zu leisten, als
unter diesem traurigen, gesetzlichen Zustande zu leisten
möglich ist."

Schließlich bringt die Denkschrift einen Vergleich mit den alt=
deutschen Städten gleicher Einwohnerzahl bezüglich der auf die
offene Armenpflege verwendeten Summen und der geleisteten Gemeinde=
beiträge und kommt zu folgendem Schlusse:

„Die vorstehenden Ausführungen rechtfertigen zunächst die Schluß=
folgerung, daß das bestehende gesetzliche System der freiwilligen (fakulta=
tiven) Armenpflege nicht mehr haltbar ist. Der Armenrat tritt aus voller
Überzeugung den Beschlüssen bei, welche der Internationale Armenpflege=
Kongreß in Paris im Jahre 1889 und die Generalversammlung des
Deutschen Vereins für Armenpflege im Jahre 1896 in Straßburg ge=
faßt haben.

Es liegt im dringenden Interesse der elsaß=lothringischen Armen=
bevölkerung, an Stelle des bestehenden überlebten Systemes gesetzlich die
erzwingbare (obligatorische) Armenpflege einzuführen!"

Der neueste Jahresbericht des Armenrates von Colmar schließt sodann mit einer Schilderung der allgemeinen gesetzlichen Notlage:

„Diese Zustände, welche mit jedem Jahre infolge der Steigerung des Verkehres unheilvoller werden, erklären sich nur durch den hundertjährigen Stillstand unserer Gesetzgebung, die eine zielbewußte systematische Armenpflege im heutigen Sinne des Wortes dem Lande vorenthält und dasselbe nach wie vor dem verderblichen Almosensystem überläßt."

Diesen auf täglicher praktischer Erfahrung beruhenden Ausführungen gegenüber erscheint hier der Schluß gerechtfertigt, daß in Elsaß-Lothringen die bestehende Gesetzgebung der **inländischen** Armenbevölkerung eine wirksame Armenhilfe zu bringen **nicht** vermag [1]!

B. Diesen **inneren** Mißständen gegenüber erscheint es selbstverständlich,

---

[1] Die Ausführungen, welche der Verfasser in seinem Berichte: „Das System der Armenpflege in Alt-Deutschland und den Reichslanden" 1896, Heft 27 der Schriften des D. V. f. A. u. W. über die elsaß-lothringische Armenpflege gebracht hat, haben durch den Wortführer der elsaß-lothringischen Reichstagsabgeordneten, den Pfarrer Winterer von Mülhausen, in der Sitzung des Landesausschusses vom 23. Februar 1897 folgende Widerlegung gefunden:

„Man hat gesagt, daß wir mit hohlen Phrasen vorgehen. Ich möchte denjenigen Herrn bitten, der uns das gedruckt zugeschickt hat, er möge doch sich selbst fragen, ob er nicht mit hohlen Phrasen in den Kampf geht. Ein Mann, der sein erstes Ideal in der Schreckenszeit findet, in den Gesetzen der Konvention, die nie zur Ausführung gekommen ist, derselben Konvention, die so viel Stiftungen der Wohlthätigkeit zerstört hat; ein Mann, der das Kollektieren für Zwecke der Mildthätigkeit als eine unwürdige Bettelei bezeichnet, und es für sehr würdevoll hält, daß die Beiträge aufgezwungen werden; ja, meine Herren, ein Mann, der den Zuzug, den außergewöhnlichen Zuzug von zweifelhaften Elementen aus den übrigen deutschen Staaten einzig und allein erklärt mit dem Zug nach Westen, meine Herren, dieser Mann, sage ich, versteht es auch, mit hohlen Phrasen vorzugehen. Was nun diesen Zuzug von zweifelhaften Elementen betrifft, so habe ich nicht Zeit, mich darauf länger einzulassen, ich möchte nur noch einige Zahlen anführen, denn dieser Gegenstand gehört gewiß zu der Frage des Unterstützungswohnsitzgesetzes."

Alsdann weist der Redner nach, daß in den elsaß-lothringischen Strafanstalten sich etwa 20% (1/5) altdeutscher Staatsangehöriger befinden sollen.

Die vorstehenden Redeblüten, zu deren Widerlegung ein Blick in den angeführten Bericht genügt, beweisen schlagend, daß der Herr Pfarrer das, was ihm „gedruckt zugeschickt" worden ist, nicht einmal vollständig gelesen, geschweige denn zu verstehen sich bemüht hat. Denn in dem „Berichte" steht teils das Gegenteil von dem, was der Herr Pfarrer gelesen haben will, teils hat er das Gelesene so **unvollständig** wiedergegeben, daß der Sinn ein anderer geworden ist! Die thatsächlichen und statistischen Beweise zu erwähnen, hat er sich wohl gehütet! Eine solche Kampfesweise richtet sich selbst.

Was die erwähnte Strafstatistik angeht, so hat dieselbe nur einen Wert, wenn sie mit denjenigen anderer, zumal westlicher Grenzländer (Rheinprovinz, Luxemburg, Pfalz, Baden, Schweiz) in Vergleich gebracht wird. In allen diesen Ländern zeigt sich die gleiche Erscheinung, der Zuzug von Vagabunden. Übrigens sollte der geistliche Herr wissen, daß der Zuzug von Vagabunden kein Grund ist, ehrenhaften Armen die Hilfe zu verweigern!

Merkwürdigerweise hat Winterer kein Wort für die Vorteile, welche der Anschluß an das Deutsche Reich und der Zuzug zahlreicher **tüchtiger** altdeutscher Einwanderer dem Reichslande gebracht hat! Die **Vorteile** werden ohne Anerkennung in reichem Maße genossen — die **Nachteile** dem Reichslande aufzuerlegen ist eine Unbilligkeit!!!

daß für die Unterstützung auswärtiger Armen, also auch altdeutscher Staatsangehörigen in Elsaß-Lothringen, unleugbare Mißstände zu Tage treten müssen.

Dieselben lassen sich in Kürze folgendermaßen kennzeichnen:

1. Während in den Gebieten des Unterstützungswohnsitzes und des Heimatsrechtes jedem hilfsbedürftigen Elsaß-Lothringer volle örtliche Armenhilfe, sowie in Preußen der Erwerb des Unterstützungswohnsitzes gewährleistet ist, können altdeutsche Staatsangehörige in Elsaß-Lothringen (abgesehen von dem Übereinkommen mit drei süddeutschen Staaten) niemals eine gleiche Armenhilfe beanspruchen.

Zwei Fälle sind denkbar: entweder hat der Altdeutsche auf Grund des Gesetzes über Erwerb und Verlust der Bundes- und Staatsangehörigkeit vom 1. Juni 1870 die elsaß-lothringische Staatsangehörigkeit erworben oder nicht.

Im ersteren Falle kann er in Elsaß-Lothringen durch einjährigen Aufenthalt den „Unterstützungswohnsitz" erwerben.

Im zweiten Falle bleibt dieser Erwerb ausgeschlossen.

Hat der Altdeutsche die elsaß-lothringische Staatsangehörigkeit und auf Grund derselben einen „Unterstützungswohnsitz" erworben, so kann er im Falle der Verarmung zwar nicht mehr ausgewiesen werden, seine Lage ist aber eine viel schlimmere geworden, als wenn er seine frühere Staatsangehörigkeit beibehalten hätte! Denn er ist nunmehr, wie der elsaß-lothringische Arme, auf die geschilderte „freiwillige Armenpflege", in den meisten Fällen also auf den Bettel angewiesen!

Ist dagegen der Altdeutsche nicht „Elsaß-Lothringer" geworden, so hat er zwar, so lange er gesund und arbeitskräftig ist, an den öffentlichen Lasten des Reichslandes teilzunehmen. Sobald aber Alter, Gebrechlichkeit oder Krankheit ihn dauernd unterstützungsbedürftig machen, wird ihm Armenhilfe gesetzlich nicht gewährleistet. Es ist vielmehr seine sofortige Ausweisung vorgeschrieben.

Wie gestaltet sich nun diese Ausweisung in Wirklichkeit? Hier ist in der Praxis ein Unterschied zwischen den Gebieten des Unterstützungswohnsitzes und des Heimatsrechtes festzustellen.

Gehört der Altdeutsche dem ersteren Gebiete an und wird die Übernahme verlangt, so erfolgt meistens seitens der verpflichteten altdeutschen Gemeinde bezw. des Verbandes das Anerbieten, dem Unterstützungsbedürftigen bezw. seiner Familie eine dem Bedürfnisse entsprechende Unterstützung zu gewähren, falls derselbe in Elsaß-Lothringen belassen wird! Dieses Anerbieten gründet sich auf die praktische Erwägung, daß auf diese Weise der verpflichteten altdeutschen Gemeinde die Vermehrung der eigenen Armenbevölkerung erspart und die harte Maßregel der Ausweisung vermieden wird. Die zugesagte Unterstützung würde ja ohnehin auch nach der Übernahme in der verpflichteten Gemeinde zu leisten sein.

Auf diese Weise erklären sich die Summen, welche aus diesem Rechtsgebiete nach Elsaß-Lothringen bezahlt werden. Beständen nun hier in den einzelnen Gemeinden örtliche Organe der Armenpflege, welche diese Unterstützungen beaufsichtigen, sachgemäß verwenden und nach erreichtem Erfolge wieder abschneiden oder beschränken würden, so wäre die Lage noch erträglich. Allein das Gegenteil ist der Fall!

Die elsaß-lothringischen Gemeinden, die für ihre eigenen Armen keine sachgemäße Armenpflege kennen, vermögen eine solche auch nicht den altdeutschen Eingesessenen zu vermitteln! Die meisten kleineren Gemeinden kennen die fraglichen Förmlichkeiten gar nicht, verweigern einfach jede Beihilfe und weisen damit die betreffenden Armen, wie ihre eigenen, auf den Bettel hin. Andere begehren zwar eine für den Augenblick angemessene Unterstützung, lassen dieselbe aber dann gewissermaßen als eine Pension den betreffenden Armen fortgesetzt zukommen. Die Bedürfnisfrage, deren Prüfung ihnen meist unbekannt ist, wird dabei außer Acht gelassen, zumal diese Abwälzung der Armenlast auf altdeutsche Gemeinden oder Verbände eine sehr bequeme ist.

Einzelne der betreffenden Bundesstaaten haben deshalb die Einrichtung treffen müssen, durch eigene Beamte eine Oberaufsicht über ihre im Reichslande unterstützten Staatsangehörigen einzurichten. So lange das fakultative System in Kraft bleibt, wird sich dieser Mißstand nicht vermeiden lassen.

Übrigens sei hier der Hinweis gestattet, daß die erforderlichen Summen noch viel höhere sein müßten, wenn wirklich eine so bedeutende Zahl „zweifelhafter" armer altdeutscher Elemente im Reichslande vorhanden wären.

Die im Einzelfalle gezahlten Unterstützungen sind sehr hoch, doppelt so hoch als die an elsaß-lothringische Arme gezahlten Beihilfen!

Trotzdem sind die Gesamtsummen verhältnismäßig geringer, die Verarmung der „Altdeutschen" muß also wohl keine so erhebliche sein, wie gegnerischerseits stets behauptet wird.

Diese aus Altdeutschland gezahlten Summen belaufen sich durchschnittlich auf 80 000 Mark gegenüber einer Gesamtausgabe der offenen Armenpflege in Höhe von etwa 1 181 509 Mark. Man stelle einmal den Prozentsatz der altdeutschen Einwanderung zur inländischen Bevölkerung fest, dann wird sich finden, ob die Verarmung der ersteren bedeutender ist, als die der letzteren!

In dem Gebiete des Heimatsrechtes sind die Gemeinden in dem gleichen Falle weniger entgegenkommend.

Da sie meist ihre Armen mit geringeren Mitteln selbst verpflegen zu können glauben, so sind sie sehr knapp mit Zusage von Unterstützungen und lassen sich eher nach festgestelltem „Heimatsrechte" in die Übernahme als auf eine Erhöhung ein.

Was ist aber dann die Folge? Einzelpersonen und ganze Familien, die oft seit Menschenaltern von dem Orte ihres „Heimatsrechtes" entfernt gelebt haben, dort keinerlei Beziehungen mehr haben, mit einem Worte der „Heimat" gänzlich fremd geworden sind, sollen nun mit polizeilicher Hilfe in die „Heimatgemeinde" zurückgebracht werden!

Solche Personen und Familien haben sich thatsächlich im Reichslande eine neue Heimat erworben. Ihre Arbeitskräfte sind diesem Lande zu gute gekommen. Sie können dort mit Sicherheit auf die Teilnahme wohlthätiger Menschen rechnen.

Man vergegenwärtige sich nun die jammervolle Lage solcher Unglücklichen! Soweit sie noch irgendwelches Ehrgefühl besitzen, erscheint ihnen die Schande der Ausweisung unerträglich! Sie bitten und flehen, sie mit der

Ausweisung zu verschonen, und wollen lieber die bitterste Not ertragen, als in die alte angebliche „Heimat" als Bettler zurückkehren!

Dem Verfasser sind zahlreiche solche Fälle bekannt, die Personalakten liegen vor und lassen sich nicht mit volltönenden Redensarten aus der Welt schaffen!

Entweder wird nun, falls solche Unglücklichen nicht auf öffentliche Unterstützung verzichten und in Not und Bettelei ihr ferneres Leben fristen, die Ausweisung thatsächlich durchgeführt, oder der Armenrat der elsaß-lothringischen Gemeinde — falls überhaupt ein solcher vorhanden ist — kann sich zu einer solch harten Maßregel nicht entschließen. Alsdann thut er sein Möglichstes, um die Armen nicht zu Grunde gehen zu lassen, und verzichtet auf die Ausweisung. Die betreffenden „Altdeutschen" genießen in diesem Falle die vielgepriesene „freiwillige Armenpflege". Sie liefern nunmehr den Bewunderern dieses Systems den Beweis, daß die altdeutsche Einwanderung zahlreiche „zweifelhafte Elemente" in das Reichsland gebracht hat!

Wenn demnach im Laufe der Jahre, welche seit Wiedervereinigung des Reichslandes mit dem Deutschen Reiche verflossen sind, thatsächlich dem Prozentsatze nach mehr altdeutsche Unterstützungsbedürftige vorhanden wären, als im Verhältnis zur eingeborenen Bevölkerung sich vorfinden durften, so würde gerade das Mißverhältnis zu den altdeutschen Bundesstaaten, welches hier geschildert wurde, wesentlich daran die Schuld tragen.

Es muß aber, wie bereits bemerkt, bis zum Beweise des Gegenteils angenommen werden, daß die altdeutsche Einwanderung keinen höheren Prozentsatz an Verarmten aufweist, als die eingeborene Bevölkerung.

Wie ist diesen Mißständen gegenüber die Unterstützung der Elsaß-Lothringer in Altdeutschland beschaffen?

Falls dieselben in einem altdeutschen Bundesstaate die Staatsangehörigkeit erworben haben, ist ihnen, im Gegensatze zu ihrem Heimatlande, volle obligatorische Armenhilfe gesichert.

Falls sie eine solche Staatsangehörigkeit nicht erworben haben, ist ihnen zunächst in beiden altdeutschen Rechtsgebieten sofortige örtliche Armenhilfe dem Bedürfnisse entsprechend gewährleistet. Wird, um die Ausweisung abzuwenden, eine Unterstützung von der Gemeinde ihres elsaß-lothringischen Unterstützungswohnsitzes verlangt, so erfolgt meist die Antwort, daß — keine Mittel vorhanden sind.

In Preußen können die Elsaß-Lothringer nach zweijährigem Aufenthalte den Unterstützungswohnsitz erwerben und ist dann deren Ausweisung ausgeschlossen[1]. Erfolgt jedoch die Ausweisung, so kommen sie aus dem Regen in die Traufe: denn in ihrer Heimat giebt ihnen ihr „Unterstützungswohnsitz" in den meisten Fällen nur die Gemeinde an, in welcher sie fortan betteln sollen!

---

[1] Das preußische Ausführungsgesetz vom 8. März 1871 § 64 gestattet auch dem „Ausländer" durch zweijährigen Aufenthalt den „Unterstützungswohnsitz" zu erwerben; vgl. Ministerialreskript vom 18. April 1886. Entscheidung des Bundesamtes für das Heimatwesen VIII. S. 140/43.

In Preußen sind also die Ausländer den Inländern in Bezug auf Erwerb und Verlust des Unterstützungswohnsitzes gleichgestellt.

2. Einer besonderen Beleuchtung bedarf die Frage des Ersatzes der aufgewendeten Armenunkosten.

Falls eine elsaß-lothringische Gemeinde auf Grund des § 7 des Freizügigkeitsgesetzes gegen eine altdeutsche Gemeinde oder einen Verband zu einem Ersatzanspruche berechtigt erscheint, muß ihr nach dem Grundsatze der obligatorischen Armenpflege **voller Ersatz** geleistet werden. Wenn dagegen umgekehrt ein derartiger Ersatzanspruch eines altdeutschen Verbandes oder einer Gemeinde gegen eine elsaß-lothringische Gemeinde entstanden ist, so kann die letztere mit dem einfachen Hinweise, daß sie keine Mittel besitze, **den Ersatz ablehnen**. Es bedarf nicht einmal dieses Hinweises, die einfache Ablehnung genügt! In einzelnen Fällen übernimmt der Staat den Ersatz auf Landeskosten — eine Verpflichtung hierzu besteht aber nicht.

3. Es bleibt schließlich noch die Frage zu erörtern, ob das erwähnte „Abkommen" zwischen Elsaß-Lothringen und den drei süddeutschen Bundesstaaten geeignet ist, **wenigstens für diese Staaten** die nachgewiesenen Mißstände zu beseitigen. Diese Prüfung wird von einem doppelten Gesichtspunkte aus erfolgen müssen:

Welche Wirkung hat dieses Abkommen einerseits für die drei Bundesstaaten bezw. für ihre Unterthanen, andererseits für die elsaß-lothringischen Armen-Verhältnisse?

Der Landesausschuß hat der reichsländischen Regierung den Abschluß dieses „Abkommens" in der Hoffnung gewissermaßen aufgedrungen, daß alle deutschen Bundesstaaten sich auf eine gleiche Regelung der Unterstützungsfrage einlassen würden und damit den altdeutschen Bundesstaaten und insbesondere dem Reichstage der Grund entzogen würde, auf eine Änderung der inneren elsaß-lothringischen Armengesetzgebung zu drängen.

Es wurde, um die Kosten der übernommenen Unterstützung zu decken, zunächst ein Kredit von 60000 Mark in den Landeshaushalt eingestellt.

Vermag in der That dieses „Abkommen" das Interesse der betreffenden Bundesstaaten an einer sachgemäßen Armenhilfe für ihre Unterthanen zu wahren?

Die Antwort lautet: „Nein".

Dieses „Abkommen" ist ein Notbehelf, der in keiner Weise eine Änderung der reichsländischen Armengesetzgebung von dem erwähnten Standpunkte aus überflüssig machen kann!

a) Zunächst soll das „Abkommen" den unterstützungsbedürftigen Altdeutschen und ihren Familien erst zu gute kommen, wenn sie **fünf Jahre lang in Elsaß-Lothringen ihren Aufenthalt gehabt haben**.

Vorher genießen sie keinerlei Armenhilfe, während umgekehrt den Elsaß-Lothringern in Altdeutschland eine solche jeder Zeit gewährleistet ist.

b) Diejenigen Altdeutschen, welche vor dem 1. April 1897 aus Altdeutschland öffentliche Unterstützungen bezogen haben — und die Zahl derselben ist nach den vorstehenden Ausführungen nich unbedeutend — haben überhaupt keinen Anspruch auf die Vorteile des Abkommens! Nach § III des letzteren beginnt für sie die fünfjährige Frist erst mit dem Zeitpunkte, an welchem die Zahlung eingestellt wurde.

So weit also die am 1. April 1897 dauernd Unterstützungsbedürftigen in Frage kommen, sind sie von den Vorteilen des Abkommens ausgeschlossen.

Der Ministerial-Erlaß, welcher das Abkommen den reichsländischen Gemeinden mitteilt und erklärt, trifft Vorsorge, daß in den beiden vorbezeichneten Fällen die Ausweisung rechtzeitig beantragt wird. Er sagt:

„Es ist strengstens darauf zu achten, daß in allen Fällen, in denen die Voraussetzungen der Ausweisung vorliegen und die Abschiebung nicht etwa in Hinblick auf die in Frage stehenden Vereinbarungen unzulässig erscheint, rechtzeitig der Antrag auf Übernahme gestellt wird, damit nicht durch den Ablauf der fünfjährigen Frist die spätere Ausweisung unmöglich und dadurch das Land dauernd belastet wird."

c) Die Vorteile des Abkommens selbst haben zwar auf dem Papiere ein günstiges Ansehen: Es soll „während der Dauer der Unterstützungsbedürftigkeit unter Verwendung der etwa vorhandenen Arbeitskraft der **unentbehrliche** Unterhalt gewährt werden."!!!

Die Herren Regierungsvertreter mögen sich am grünen Tische die Ausführung dieser Bestimmung recht schön gedacht haben. Es soll auch nicht bezweifelt werden, daß in den beteiligten altdeutschen Bundesstaaten die Durchführung dieser Maßregel möglich ist. In Elsaß-Lothringen ist sie jedenfalls wenn nicht unmöglich, so doch nur in sehr beschränktem Maße durchführbar!

Zunächst ist es nicht recht verständlich, was für Elsaß-Lothringen der Vorbehalt „unter Verwendung der etwa vorhandenen Arbeitskraft" bedeuten soll. Dem Unterzeichneten sind bisher in Elsaß-Lothringen keine Anstalten bekannt geworden, in welchen einem Unterstützungsbedürftigen Gelegenheit geboten würde, die etwa noch vorhandene „Arbeitskraft" zu verwerten[1].

Sodann aber möge man sich darüber klar werden, daß in einem Lande, in welchem keine obligatorische Armenpflege besteht, den örtlichen Organen der Begriff des „unentbehrlichen Unterhaltes" fehlt. In 976 Gemeinden Elsaß-Lothringens, die überhaupt keine „Armenverwaltung" besitzen, haben die Bürgermeister diese Frage zu prüfen! In allen Gemeinden aber wird

---

[1] Im Juli 1898 durchläuft die Zeitungen nachfolgende Bemerkung:
Colmar, 28. Juli. Über das Stromerwesen im Elsaß schrieb man den „Münch. N. N.": Unser Land hat unter dem Stromertum mehr zu leiden, als die meisten übrigen deutschen Länder. Vornehmlich das Elsaß scheint für die Landstreicher eine ganz besondere Anziehungskraft zu haben, wohl wegen der Wohlhabenheit der Bevölkerung, dann auch, weil die Nähe der französischen und schweizerischen Grenze es denjenigen, denen der Boden hier zu heiß wird, ermöglicht, mit Leichtigkeit ins Ausland zu entkommen. Trotzdem hat man sich hier im Gegensatze zu den meisten Staaten Altdeutschlands noch nicht entschließen können, zur Eindämmung des Übels Arbeiterkolonien zu gründen. Als der Landesausschuß 1885 zur Bewilligung einer Beihilfe zur Gründung einer solchen Kolonie angegeangen wurde, ging er darüber einfach zur Tagesordnung über. Ein weiterer Versuch ist als vollständig aussichtslos seitdem nicht mehr gemacht worden. Im Jahre 1895 wurden im Reichslande 1369 Bettler und 368 Landstreicher bestraft, deren Verpflegung dem Lande mindestens 150000 Mk. gekostet hat. Rechnet man noch die weit höheren Beträge dazu, um die die Bevölkerung, besonders auf dem flachen Lande, von den Stromern gebrandschatzt wird, so wäre es sicherlich ein gutes Geschäft, wenn dem Übel durch Errichtung von Arbeiterkolonien entgegengearbeitet würde.

man den Maßstab anlegen, der für die **einheimischen** Armen angewendet wird und dieser Maßstab hat mit dem Bettelstabe eine große Ähnlichkeit!

Gesetzt aber auch, Ortsbehörde oder Armenrat wüßten die Art und Höhe der notwendigen Unterstützung zu beurteilen, sind sie nun in der Lage dieselbe **sofort zu leisten**?

Antwort: Nein!

Der erwähnte Ministerialerlaß sagt zwar "soweit nicht die private Armenpflege aushelfe", habe zunächst die Gemeinde des Wohnortes, der betreffende Armenrat, oder das betreffende Hospital die Pflicht "**für Unterhalt und Pflege aufzukommen**". Wie aber, wenn Gemeinde oder Armenrat keine **baren** Mittel haben, oder das Hospital die Aufnahme verweigert? Wie der Ministerialerlaß betont, ist "**ein direkter Zwang nach Lage der Gesetzgebung unzulässig**". Trotzdem soll die Aufsichtsbehörde nötigenfalls im Verwaltungswege die Gemeinden "hierzu anhalten".

Mit welchem Erfolge?

Den Gemeinden soll, falls sie wirklich sofortige Armenhilfe leisten, "auf Antrag für die aufgewendeten Kosten unter Berücksichtigung der besonderen Umstände des Falles aus Staatsmitteln **thunlichst** Ersatz gewährt werden. Die bezüglichen Gesuche sind von der Aufsichtsbehörde zu prüfen und zu begutachten und bis auf weiteres von den Bezirkspräsidenten gesammelt mit den entsprechenden Anträgen **vierteljährig** dem Ministerium vorzulegen."

Das eine Wort "thunlichst" giebt den Gemeinden, Armenräten und Anstalten einen genügenden Hinweis, wie sie den "notwendigen Unterhalt" zu bemessen haben!!!

Falls aber keine baren Mittel zur Stelle sind und — nach Erschöpfung der vorgeschriebenen zeitraubenden Verhandlungen über den einzelnen Unterstützungsfall — schließlich festgestellt wird, daß "die Gemeinde über genügende Mittel nicht verfügt oder die Gewährung der erforderlichen Unterstützung aus sonstigen Gründen Schwierigkeiten begegnet", so ist ein für die Armenpflege außerordentlich wirksames Abhilfsmittel bereit;

"**Es ist die Bereitstellung der notwendigen Mittel alsbald bei dem Ministerium zu beantragen!!!**"

Wer jemals praktische Armenpflege betrieben hat, der wird diese Fürsorge für unterstützungsbedürftige Altdeutsche schwerlich vom Standpunkte der Armenpflege aus verständlich finden!

Eine Armenhilfe, die beim "Ministerium" beantragt wird[1]!

Nur in solchen Gemeinden, in welchen eine gefüllte Armenkasse und ein mit dem heutigen Begriffe der Armenpflege vertrauter Armenrat vor-

---

[1] Ehe vom grünen Tische aus die Hilfe zur Stelle ist — sitzt der "Arme" längst wegen Bettelei hinter Schloß und Riegel und vermehrt die statistischen Zahlen des Herrn Pfarrer Winterer! Hier paßt das Goethe'sche Wort:

"Und eh' man nur den halben Weg erreicht,
Muß wohl ein armer Teufel sterben!"

handen ist, kann dieses Abkommen im eigentlichen Sinne des Wortes ausführbar werden!

Wie viele solcher Gemeinden sind in Elsaß-Lothringen vorhanden?

In allen übrigen Gemeinden erscheint das Abkommen vom Standpunkte der Armenpflege aus undurchführbar.

Die Armenpflege kennt nur eine sofortige Hilfe, alles übrige ist Flickwerk!

Was nun die thatsächliche Ausführung dieses Abkommens betrifft, so bringt bereits das erste Betriebsjahr eine gewisse Überraschung: Der Kredit von 60 000 Mk. wurde nur in Höhe von 8161,53 Mk. in Anspruch genommen!!!

Es scheinen sich also aus den drei beteiligten Bundesstaaten doch nicht so viele zweifelhafte Elemente in Elsaß-Lothringen zu befinden, die der Armenpflege zur Last fallen.

Diese 8161,53 Mk. verteilen sich auf 64 Unterstützungsfälle, was für den Einzelfall eine Ausgabe von durchschnittlich 127,83 Mk. ergiebt.

Es wäre von Interesse, festzustellen, inwieweit hierbei Einzelunterstützte und Familienhäupter in Frage kommen und wie sich die festgestellte Unterstützungsbedürftigkeit zu der Gesamtzahl der aus den beteiligten süddeutschen Staaten in Elsaß-Lothringen eingewanderter Altdeutschen verhält!

d) Schließlich bedarf noch die „Gegenseitigkeit" dieses Abkommens einer Betrachtung.

Für die Elsaß-Lothringer, die sich in Baden, Württemberg und Hessen aufhalten, bringt das Abkommen für den Fall vorübergehender Unterstützungsbedürftigkeit nichts neues: sie genießen obligatorische Armenpflege, mögen sie fünf Jahre angesessen sein oder nicht.

Für den Fall dauernder Unterstützungsbedürftigkeit erwächst ihnen der Vorteil, daß sie nach fünfjährigem Aufenthalte einen „Unterstützungswohnsitz" thatsächlich erwerben.

Dagegen genießen die Unterthanen der drei Bundesstaaten für den Fall ihrer Unterstützungsbedürftigkeit in Elsaß-Lothringen erst dann die angebliche „obligatorische" Armenpflege, wenn sie fünfjährigen Aufenthalt nachweisen können.

Vorher ist ihnen keine Armenhilfe gewährleistet.

Die „Gegenseitigkeit" hat also einen recht einseitigen Charakter!

Als thatsächliches Ergebnis dieser Prüfung des „Abkommens" vom Standpunkte der beteiligten Bundesstaaten aus kann demnach festgestellt werden:

Das Abkommen schafft für die Unterthanen der drei Bundesstaaten nur eine in vielfacher Hinsicht beschränkte Armenhilfe!

In Gemeinden, in welchen genügende örtliche Einrichtungen der Armenpflege fehlen, ist das Abkommen thatsächlich undurchführbar, jedenfalls aber mit den größten Schwierigkeiten verknüpft:

Da eine örtliche „Armenpflege" im heutigen Sinne des Wortes, so weit dem Verfasser bekannt, überhaupt nur in zwei Gemeinden versucht wurde, so mag man sich ein Bild darüber machen, in welcher Weise das „Abkommen" wirksam wird!

Welche Wirkung muß aber dieses Abkommen auf die inländischen Armenverhältnisse haben?

Wir stehen hier vor der geradezu unglaublichen Thatsache, daß eingewanderten, also **fremden** Unterstützungsbedürftigen eine Wohlthat auf Kosten des elsaß-lothringischen Staates zugesichert wird, welche dieser Staat **seinen eigenen Landeskindern ausdrücklich versagt!**

Es sollen „**aus Staatsmitteln**" den verarmten Unterthanen der drei Bundesstaaten die Unterstützungen nach dem „**thatsächlichen Bedürfnisse**" gereicht werden, während für die elsaß-lothringischen Armen nicht dieses Bedürfnis, sondern die **zufällig und freiwillig aufgebrachten Mittel** entscheidend sind!

Wer in der Armenpflege praktisch thätig ist, weiß leider aus Erfahrung, wie sehr Neid und Mißgunst unter den Armen herrschen!

Gerade das elsaß-lothringische System mit seiner steten Veröffentlichung der eingegangenen Beträge und seiner **Reklame-Wohlthätigkeit** regt diese schlimmen Eigenschaften besonders an!

Die Armen glauben, weil stets Zuwendungen an die Armenkasse **veröffentlicht** werden, diese Kasse sei unerschöpflich! Sie haben keine Ahnung davon, wie jämmerlich die ganze Almosenwirtschaft der Armenräte bestellt ist und daß letztere niemals wissen können, ob sie mit oder ohne Fehlbetrag wirtschaften[1].

---

[1] Am 20. Dezember 1897 veröffentlichte der Armenrat von Colmar folgenden Aufruf, der keines Kommentars bedarf:

Aufruf des Armenrats.

Die Armenkasse befindet sich zur Zeit in einer **höchst bedrängten Lage!**

Nachdem die Zeit der Wintersnot eingetreten ist, wendet sich deshalb der Armenrat mit Vertrauen an den bewährten Wohlthätigkeitssinn seiner Mitbürger und bittet, ihm ohne Säumen Unterstützungen an Geld und Bekleidungsstücken zuwenden zu wollen.

Ohne die thatkräftige Beihilfe der Bürgerschaft kann der Armenrat seiner Aufgabe, **das dringendste Elend** zu bekämpfen und die Armen der Stadt auch nur mit dem Notwendigsten zu unterstützen, nicht gerecht werden.

Während zur Bekämpfung dieser Not, zumal in der jetzigen Zeit der Arbeitslosigkeit, fortwährend **steigende Ausgaben** notwendig sind, fehlt es dem Armenrate bei dem bedauernswerten und den Anforderungen der Neuzeit längst nicht mehr entsprechenden Zustande der Gesetzgebung an festen oder auch nur mit Sicherheit zu erwartenden Einnahmen.

Abgesehen von dem Jahres-Einkommen aus eigenem Vermögen in Höhe von etwa 4600 Mark, dem Beitrage der Stadt Colmar in Höhe von 20 000 Mark, den Rückzahlungen der altdeutschen Armenverwaltungen in Höhe von etwa 10 000 Mark, ist der Armenrat, gegenüber dem Ausgabe-Etat von etwa 80 000 Mark, **nur auf solche Einnahmen angewiesen, deren Höhe vom Zufalle abhängt** (Abgaben von Lustbarkeiten, Sammlungen, Armenlotterie, Legate, Ertrag der Armenküche, der Notstandsarbeiten und dergl.).

Unter der thatkräftigen Beihilfe der Armenpflegerinnen und der Armenpfleger ist der Armenrat bemüht, mit der größten Sparsamkeit die ihm zufließenden Mittel zu verwenden.

Daß dieselben zur Durchführung einer zeitgemäßen Armenpflege unzureichend sind, läßt sich leider nicht verkennen.

Im verflossenen Betriebsjahre sind insbesondere die Einnahmen aus Samm-

Die Armen sind deshalb mit den Unterstützungen, die im allgemeinen eine wirksame Armenhilfe nicht bringen können, unzufrieden.

Von Dankbarkeit den bekannten oder unbekannten Wohlthaten gegenüber findet sich selten eine Spur. Die Thätigkeit der Armenräte, welche fortwährend die Öffentlichkeit anbetteln müssen, um überhaupt verfügbare Mittel zu erhalten, ist gegenüber ihrer schwierigen socialen Aufgabe eine meist aussichtslose und undankbare.

Man vergegenwärtige sich nun, welchen Eindruck es auf die an und für sich mißtrauische inländische Armenbevölkerung machen muß, wenn sie nach wie vor auf „Almosen" hingewiesen bleibt, während sie sehen muß, daß fremde eingewanderte Arme aus Staasmitteln volle dem Bedürfnisse entsprechende Unterstützung erhalten!

Bekanntlich hat Straßburg eine den Grundsätzen der Neuzeit möglichst angepaßte Armenverwaltung. Nebst eigenen reichen Mitteln erhält diese Verwaltung von der Stadt reichlichen Zuschuß.

Nach der Schrift des Frhrn. von der Goltz „Straßburgs Armenpflege 1896" steht fest, daß der Aufwand für die eingeborene Armenbevölkerung im Jahre 1894/95 auf den Kopf der unterstützten Personen 15,04 Mk., auf den Hausstand 46 Mk. betragen hat.

Dagegen betrug die den verarmten altdeutschen Staatsangehörigen in Straßburg von ihren Heimatverbänden bewilligte Armenhilfe auf den Kopf 34 Mk., auf die Familie 100 Mk.!

Wollen die elsäßischen Herren Volksvertreter, anstatt im Reichstage und Landesausschuße mit hochtönenden Redensarten gegen das deutsche „Zwangsgesetz" zu Felde zu ziehen, uns nicht lieber die Mittel und Wege angeben, wie sie mit der vielgepriesenen „Privatwohlthätigkeit" diese Gegensätze ausgleichen und der inländischen Armenbevölkerung eine gleiche sociale Hilfe leisten wollen?

Hat vielleicht jemals in irgend einem Lande die mittelalterliche „Almosenwirtschaft" den Erfolg gehabt, den Armen Selbstvertrauen und Ehrgefühl zu erhalten und sie zu wirtschaftlicher Selbständigkeit zu erziehen?

---

lungen bei Festlichkeiten, Legaten, Schenkungen, Lotterie und Ertrag der Eisbahn um eine Summe von ungefähr 9000 Mark unter dem Voranschlag zurückgeblieben, obgleich dieser Voranschlag auf das vorsichtigste und noch unter der Einnahme des voraufgegangenen Jahres angesetzt worden war!!!

Bei diesem bedeutenden Ausfalle ist es erklärlich, daß der Armenrat zur Zeit fast ohne bare Mittel und nicht imstande ist, die notwendigsten Tagesausgaben zu decken.

Der Armenrat hat deshalb **die Notstandsarbeiten,** welche er zur Beschäftigung von armen Frauen und Männern eingerichtet, wegen fehlender Mittel im laufenden Winter bereits erheblich einschränken müssen, obgleich sich eine große Anzahl ehrenhafter Armen zu diesen Arbeiten gemeldet hat.

Das Armenamt am Theaterplatz ist in den Geschäftsstunden, morgens 8—12 Uhr, nachmittags 2—6 Uhr, bereit, Gaben entgegenzunehmen.

„Doppelt giebt, wer gleich giebt!"

Colmar, den 20. Dezember 1897.

Der Armenrat.

Wenn demnach jenes Abkommen einerseits den Erfolg **nicht hat**, den die beteiligten Bundesstaaten davon erwartet haben mögen, so muß **vom Standpunkte der elsaß-lothringischen Armenpflege dieses Abkommen aufs schärfste verurteilt werden!**

Es ist ein Scheinmittel, mit welchem sich die elsaß-lothringische Volksvertretung aus der Sackgasse heraustäuschen will, in welche sie eine einseitige und den wahren Bedürfnissen der einheimischen Armenbevölkerung nicht entsprechende Auffassung gebracht hat!

Man täusche sich nicht über die Folgen der hier dargelegten inneren und äußeren Mißstände. Ein Staat, der es verabsäumt, die kommenden Generationen aus Armut und Bettelei thunlichst herauszuheben und steuerkräftig zu machen, wird die Folgen schwer zu büßen haben!

Wenn es selbst in solchen Gemeinden, die mit Ernst und Eifer ihre sociale Pflicht zu erfüllen suchen, nicht möglich ist, unter dem gegenwärtigen Systeme eine geordnete Armenverwaltung im heutigen Sinne des Wortes durchzuführen, so ist die Unhaltbarkeit dieses Systems bewiesen. Alle Scheinmittel sind verwerflich, **nur ein Mittel** kann und darf in Frage kommen: Die Abschaffung dieses Systems!

Für die gegenwärtige Darstellung ergiebt sich demnach der Schluß:

1. Den Staatsangehörigen anderer Bundesstaaten ist in Elsaß-Lothringen im allgemeinen weder eine zeitweise noch eine dauernde Armenhilfe gesetzlich gewährleistet.

2. Die Ausnahme-Bestimmung, das „Abkommen" mit Baden, Württemberg und Hessen, verfehlt ihren Zweck durchaus und es wäre sowohl im Interesse Elsaß-Lothringens als im Interesse des gesamten Deutschen Reiches zu bedauern, wenn noch andere Bundesstaaten derartige „Abkommen" mit Elsaß-Lothringen schließen würden.

IV. Besserungsvorschläge.

Aus der vorstehenden Darstellung der obwaltenden Mißstände ergiebt sich, daß eine den Anforderungen der Armenpflege entsprechende Unterstützung der Angehörigen anderer Bundesstaaten in Elsaß-Lothringen nicht möglich sein wird, **so lange nicht an Stelle des bisherigen Systems die obligatorische Armenpflege in Elsaß-Lothringen eingeführt sein wird.**

Wenn die reichsländische Regierung den bisherigen Standpunkt festhält, dem Landesausschusse die Verantwortung in dieser Frage zu überlassen, so werden noch Menschenalter vergehen, ehe der reichsländischen Armenbevölkerung die Wohlthat einer wirksamen Armenpflege zu teil wird.

Die Armen selbst werden bekanntlich in diesem Streite nicht gehört, sie würden sonst laut gegen die Behauptungen der Herren Volksvertreter Verwahrung einlegen. Wenn gar noch behauptet wird, in Elsaß-Lothringen, dem „reichen" Lande, gebe es nicht solche Armut wie in den „armen" altdeutschen Ländern, so ist darauf folgendes zu erwidern: Es ist ein Erfahrungssatz der Socialpolitik, daß gerade neben dem größten Reichtume die empfindlichste Armut sich zeigt. Zumal in einem Lande, in welchem die Industrie hoch entwickelt und in einzelnen Städten eine große Arbeiterbevölkerung zusammengedrängt ist, findet die Armut den breitesten Boden.

In einer ländlichen Bevölkerung ist die gesamte Lebensführung an und für sich eine einfachere, die Unterstützung der Armen vollzieht sich leichter und erfordert geringere Mittel.

Zudem können die Arbeitskräfte der Armen auf dem Lande besser ausgenutzt werden.

Die Unterstützung mit Lebensmitteln ist erleichtert.

Die Lage solcher ländlichen Armen, welche keinen großen Reichtum vor sich sehen und bei geringen Unterstützungen noch ein erträgliches Leben führen können, ist demnach selbst in verhältnismäßig armen Ländern eine bessere, als die Lage städtischer Armen in reichen Ländern. Es ist auch richtig, daß bei der bekannten Wohlhabenheit eines großen Teiles der Reichslande die unteren Klassen im allgemeinen eine bessere Lebensführung haben wie diejenigen vieler altdeutschen Länder.

Trotzdem aber tritt die „Armut" im Reichslande zumal in den Industrie-Bezirken ebenso in die Erscheinung, wie in anderen reichen Ländern.

Wer dies leugnet, kennt die wahre Lage der Armenbevölkerung nicht oder will sie nicht kennen!

Die Frage, in welcher Weise eine Besserung zu erzielen ist, wird verschiedentlich beantwortet werden können.

Man hat bisher stets die Ansicht aufgestellt — und der Verfasser dieses Berichtes hat sie früher vertreten — daß die Einführung der obligatorischen Armenpflege nur mit einer Änderung der Steuergesetzgebung Hand in Hand gehen könne!

Es war dies ein bequemer Ausweg, diese Änderung ad calendas graecas zu verschieben!

Diese Auffassung erscheint jedoch nicht haltbar, denn sie übersieht einen Umstand. Die Gesetze vom 11 frimaire VII, 27 frimaire und 5 ventose VIII (taxes municipales indirectes et locales) hatten bereits den Anfang zu einer Gesetzgebung gemacht, welche die Armenausgaben als Pflichtausgaben der Gemeinden erklärte.

Später hat das Gesetz vom 18. Juli 1837 die Gemeindezuschüsse wieder „fakultativ" erklärt.

Wenn nun, entsprechend den Anforderungen der Neuzeit, den Gemeinden die Ausgaben der Armenpflege, wie viele andere weniger dringliche Ausgaben, zur Pflicht gemacht werden, und wenn die fragliche Mehrbelastung auf dem zulässigen Wege der Steuerzuschläge aufgebracht wird, so bedarf es keiner wesentlichen Änderung der Steuer-Gesetzgebung, um die „obligatorische Armenpflege" zu verwirklichen.

Da ohnehin der Landeshaushalt bereits Mittel zur öffentlichen Armenpflege bereit stellt, so kann sehr wohl denjenigen Gemeinden, welche über einen bestimmten Prozentsatz hinaus belastet sein würden, ein Zuschuß aus Staatsmitteln gewährt werden.

Auch kann eine derartige Mehrbelastung auf die Bezirke übertragen werden[1].

Selbstverständlich ist gegen derartige Vorschläge von gegnerischer Seite der Einwand zu erwarten, daß einzelne überlastete Gemeinden nicht imstande sein würden, eine solche Armenlast zu tragen. Hier ist also das „reiche" Elsaß-Lothringen „arm" geworden!

Der Hinweis dürfte genügen, daß in den Ländern der obligatorischen Armenpflege auch die ärmsten Gemeinden diese Lasten tragen müssen.

Während jetzt einzelne Gemeinden, in welchen, soweit möglich, Armenpflege getrieben wird, von allen Seiten überlaufen werden und vergeblich der Armenlast sich zu erwehren suchen, würde zunächst eine gleichmäßigere Verteilung dieser Last möglich werden.

Sodann aber würde in jeder Gemeinde eine örtliche Organisation für die Armenpflege geschaffen werden **müssen** und die nötige Sparsamkeit sich von selbst ergeben.

Die Gemeinden würden dann auch ein Interesse daran haben, der Verarmung der kommenden Geschlechter vorzubeugen, mit anderen Worten wirkliche „Armenpflege" zu betreiben!

Die Organisation der Armenräte an und für sich, sowie die gesamte französische Gesetzgebung über offene und geschlossene Armenpflege sind durchaus entwicklungsfähig.

Es hat sich in Straßburg und Colmar gezeigt, daß die Armenräte sehr wohl die Bürgerschaft zu ehrenamtlicher, eine wirkliche, nicht eine scheinbare Wohlthätigkeit darstellender Mitwirkung heranziehen können. Alle Errungenschaften der Neuzeit (Individualisierung, Armenpflegschaft, Vereinigung der öffentlichen und privaten Wohlthätigkeit u. s. w.) lassen sich auf Grund der bisherigen Gesetzgebung einführen. **Es fehlt nur die Sicherung fester Einnahmen.**

Der beliebte Einwand, daß die obligatorische Armenpflege die „Privatwohlthätigkeit" schädige, bedarf für den Fachmann keiner Widerlegung. Der Hinweis auf die Länder der obligatorischen Armenpflege genügt. Im Gegenteil muß betont werden, daß die nicht organisierte Privatwohlthätigkeit der Armut und Bettelei Vorschub leistet und sie befördert.

Es würde über den Rahmen des Berichtes hinausgehen, wie die Unterstützung der Angehörigen anderer Bundesstaaten zu regeln sein würde, nachdem einmal in Elsaß-Lothringen die „obligatorische Armenpflege" eingeführt sein würde. Zwei Möglichkeiten liegen nahe: entweder das „Unterstützungswohnsitzgesetz" oder das „Heimatsrecht" einzuführen.

Über die Vorzüge und Nachteile beider Gesetze soll hier nicht gestritten werden. Jedes derselben würde für Elsaß-Lothringen einen großen Fortschritt bedeuten. Im Interesse der Rechtseinheit des Deutschen Reiches dürfte sich die Einführung des „Unterstützungswohnsitzgesetzes" an erster Stelle empfehlen.

Die geschichtlichen Grundlagen, auf welchen in Bayern und der Pfalz

---

[1] Den „Bezirken" kann sehr wohl eine gleiche Bedeutung wie den „Landarmenverbänden" gegeben werden!

der jetzige gesetzliche Zustand beruht, fehlen in Elsaß-Lothringen gänzlich! Schließlich aber dürfte dem elsaß-lothringischen Gesetzgeber die Möglichkeit gegeben sein, zu einem großartigen Fortschritte auf dem Gebiete der Armengesetzgebung den Anstoß zu geben.

Die gesamte Entwicklung des Armenwesens drängt dahin, dem **Aufenthaltsorte die Unterstützungspflicht aufzuerlegen.** Es wird also die Frage aufgeworfen werden dürfen, ob nicht Elsaß-Lothringen den Versuch machen soll, diesen Gedanken zu verwirklichen. Die Besserungsvorschläge, welche für die gegenwärtige Darstellung in Frage kommen, dürften demnach folgende sein:

1. Es muß für das Reichsland in irgend einer Form die „obligatorische Armenpflege" eingeführt werden.

2. Es muß, wenn nicht allen Ausländern, so doch **allen Reichsangehörigen sofortige örtliche Armenpflege gesetzlich** gewährleistet werden.

Wenn die reichsländische Regierung mit Erfolg an eine Änderung der Gesetzgebung herantreten will, so muß sie nach Ansicht des Verfassers zur Widerlegung der mehrfach erwähnten Gegnerschaft zunächst eine unanfechtbare **statistische Grundlage** schaffen! Daß die Reichsarmenstatistik vom Jahre 1885 für das Reichsland fast wertlos war, weil, abgesehen von der Höhe der verwendeten Mittel, ihr alle sicheren Grundlagen fehlten, bedarf heute keines Nachweises mehr.

Die reichsländische Regierung hat im Jahre 1897 eine Armenstatistik veranlaßt, deren Ergebnisse leider noch nicht bekannt sind.

Vom Standpunkte der **praktischen Armenpflege** aus wird diese Statistik leider wiederum fast wertlos bleiben!

Ein Blick in den benutzten „Fragebogen" genügt, um den Nachweis zu erbringen, daß auch dieser Statistik eine **sichere thatsächliche Grundlage fehlt!**

Die sechs ersten Abschnitte des Fragebogens beziehen sich auf die in der offenen Armenpflege aufgebrachten **Mittel** und werden wohl gegenüber der Schwanderschen Statistik vom Jahre 1896 kein wesentlich neues Ergebnis bringen. Abschnitt 7 des Fragebogens soll die Anzahl der unterstützten Personen in solchen Gemeinden, in welchen ein Armenrat besteht, Abschnitt 8 die verwendeten Mittel und die Anzahl der unterstützten Personen in den Gemeinden, welche keinen Armenrat haben, nachweisen.

Schließlich verlangt Abschnitt 9 über folgende Frage Auskunft: „Falls kein Armenrat und keine Gemeindemittel vorhanden sind: **in welcher Weise wird nötigenfalls den Armen geholfen?"**

Der letzte 10. Abschnitt soll etwaige Bemerkungen, welche den dermaligen Zustand „ungenügend" erscheinen lassen, zur Besprechung bringen.

Die Voraussetzung einer derartigen Statistik ist selbstverständlich, daß von allen Armenräten und — mangels solcher Armenräte — von den Gemeindebehörden **Personalakten über die Unterstützten geführt werden!**

Abgesehen von geringen Ausnahmen, muß durchaus bestritten werden, daß im Reichslande derartige urkundliche Nachweisungen in irgendwie **zuverlässiger Weise geführt werden!**

In einzelnen Städten (Straßburg, Colmar, in beschränktem Sinne Mülhausen) sind solche Nachweisungen zu finden. Von einer Einheitlichkeit ist nicht einmal in diesen Städten, geschweige denn sonst die Rede.

Es giebt wohl sogenannte „Unterstützungslisten", in welchen die Namen der thatsächlich Unterstützten und die Unterstützungen eingetragen sind, welche in der betreffenden Gemeinde gegeben wurden. Damit ist aber auch die statistische Grundlage erschöpft. Hiernach läßt sich der Wert der neuesten Statistik ermessen!

Die Angaben über die persönlichen Verhältnisse sind gänzlich unzuverlässig, insbesondere was die „Familienangehörigen" angeht.

Eine Frage, welche für die reichsländische Neugestaltung der Gesetz= gebung an allererster Stelle von Bedeutung ist, wird in dieser Statistik gar nicht gestellt: Sie giebt keine Auskunft über die **Staatsangehörig= keit der Unterstützten** und läßt nach wie vor die Zweifel bestehen, welche bezüglich der **altdeutschen Einwanderung** aufgeworfen sind!

Es mußte vor allem festgestellt werden, welche unterstützten Personen von **altdeutscher Staatsangehörigkeit und nach 1870 eingewandert waren**! Auf die Frage des neunten Abschnittes, in welcher Weise bei fehlendem Armenrate und fehlenden Gemeindemitteln den Armen geholfen werde, kann doch nur eine Antwort erwartet werden: Durch Privatwohl= thätigkeit! Während thatsächlich in derartigen Gemeinden die Armen betteln und möglichst nach der nächsten mit besseren Armenmitteln ausgestatteten Gemeinde abgeschoben werden, würde diese Statistik ein ganz falsches Bild ergeben. Man würde auf Grund derselben die beruhigende Zusicherung er= halten, daß überall da, **wo eine öffentliche Armenpflege unmög= lich ist, die „Privatwohlthätigkeit" aushelfe**! Im übrigen wird hoffentlich die Regierung des Reichslandes außer dieser Statistik die Berichte veröffentlichen, welche von den zuständigen Behörden, insbesondere von den Kreisdirektionen, über die **thatsächliche Lage des Armenwesens** er= stattet worden sind[1].

Es wird sich dann schon zeigen, ob die Herren Volksvertreter die wahre Lage der Armenbevölkerung richtig geschildert haben oder nicht!

---

[1] Die Kreisdirektion von Schlettstadt veröffentlichte im Juni 1898 folgenden Erlaß (Straßburger Post vom 30. Juni 1898 Nr. 526):

Es wird darüber geklagt, daß die Besucher der Vogesen in hohem Grad von erwachsenen und unerwachsenen Bettlern belästigt werden. Die Klagen sind nach meinen eigenen Wahrnehmungen begründet. Im Interesse des Fremdenverkehrs muß dafür gesorgt werden, daß der Bettlerunfug nicht vollends zur Gewohnheit wird, und ich mache es daher den Ortspolizeibehörden und der Gendarmerie zur Pflicht, strenge gegen die Bettler vorzugehen. Die Gendarmen weise ich besonders an, an Sonn= und Feiertagen und zu anderen Zeiten regen Besuchs die Zugänge zu den Ruinen und den anderen Ausflugspunkten von den wegelagernden Bett= lern zu reinigen.

Der Pfarrer Winterer hat am 3. Dezember 1893 im Reichstage erklärt, „es beständen im Reichslande mehr Privatanstalten und Werke der Barmherzigkeit als im übrigen Deutschland und es werde niemand zurückgewiesen, der unterstützungs= bedürftig sei". Es wäre höchst interessant zu wissen, ob dieses selbstbewußte Wort von irgend einer Behörde bestätigt worden ist.

Wird der Landesausschuß mit der Änderung der Gesetzgebung befaßt, so ist bei der gegenwärtigen Zusammensetzung dieser Körperschaft und dem principiellen Widerstande der maßgebenden Persönlichkeiten noch auf Menschenalter hinaus eine Besserung nicht zu erhoffen! Um wenigstens diesem Widerstande eine gründliche sachliche Widerlegung bieten zu können, müßte zunächst eine erschöpfende Armenstatistik ins Werk gesetzt werden.

Zu diesem Zwecke muß vor allem ein Probejahr für die gesamte offene und geschlossene Armenpflege angeordnet werden. Für dieses Probejahr muß auf Grund vollständiger, alle persönlichen Verhältnisse umfassender Fragebogen jeder einzelne Unterstützungsfall festgestellt und die thatsächliche Leistung vermerkt werden.

Dabei muß sowohl den Armenräten wie den Gemeinden, in welchen keine Armenräte bestehen, zur Pflicht gemacht werden, daß sie nicht nur diejenigen Unterstützungsfälle in die Fragebogen eintragen, in welchen durch offene oder geschlossene Armenpflege Unterstützung gewährt wurde, sondern auch solche Fälle, in welchen mangels vorhandener Mittel oder aus sonstigen Gründen die Unterstützung verweigert wurde.

Von besonderer Bedeutung wird dabei die Feststellung des Unterstützungswohnsitzes, der Staatsangehörigkeit sowie der Frage sein, ob die unterstützungsbedürftigen „Altdeutschen" vor oder nach 1870 eingewandert sind.

Wenn für die offene und geschlossene Armenpflege ein solches Probejahr auf statistischer Grundlage durchgeführt worden ist, so wird endlich ein der Wahrheit entsprechendes Bild der reichsländischen Armenpflege herzustellen sein.

Verbleibt alsdann der Landesausschuß in seiner ablehnenden Haltung, so würde beim Reichstage Abhilfe zu suchen sein. Der deutsche Reichstag hat bereits in seiner erwähnten Resolution vom 26. Januar 1894 zu dieser Frage Stellung genommen und auch die reichsländische Regierung hat nicht verkannt, daß auf die Dauer der jetzige Zustand unhaltbar ist.

Der Reichstag hat die Einführung des Gesetzes über den Unterstützungswohnsitz in Elsaß-Lothringen für notwendig erklärt.

Für den principiellen Standpunkt, der hier allein in Frage steht, wäre es unerheblich, unter welcher Form die Wohlthat der „obligatorischen Armenpflege" der reichsländischen Armenbevölkerung gebracht wird.

Vom Standpunkte der zu erstrebenden Rechtseinheit aus wäre allerdings die Einführung des Gesetzes über den Unterstützungswohnsitz zur Zeit noch der beste Ausweg.

Die Bedenken, welche der Einführung des „Heimatsrechtes" entgegen stehen, wurden bereits angedeutet. Die Besserungsvorschläge, welche vom Gesichtspunkte der praktischen Armenpflege aus für das hier fragliche Verhältnis zu den übrigen Bundesstaaten zu machen sind, lassen sich demnach folgendermaßen zusammenfassen:

1. Die Unterstützung von Angehörigen anderer Bundesstaaten in Elsaß-Lothringen läßt sich nur dadurch auf einen gleichen Standpunkt mit den beiden altdeutschen Rechtsgebieten bringen, daß die inländische Armengesetzgebung geändert wird.

2. Diese Änderung muß in der Überführung zum „obligatorischen" Systeme bestehen und gleichzeitig den Angehörigen anderer Bundesstaaten

sowohl eine sofortige örtliche, dem Bedürfnisse entsprechende Armenhilfe als auch die Möglichkeit gewähren, nach einer bestimmten Aufenthaltsfrist dauernde obligatorische Armenhilfe zu finden.

V. Anträge zur Beschlußfassung.

I. Es erscheint als eine bringende Forderung der Gerechtigkeit, hinsichtlich der Unterstützung altdeutscher Bundesangehörigen (und Fremder) in den Reichslanden gleiches Recht mit dem übrigen Deutschen Reiche zu schaffen.

II. Die Durchführung dieser Forderung erscheint nur möglich, wenn in den Reichslanden das System der erzwingbaren (obligatorischen) Armenpflege gesetzlich eingeführt wird.

Anlage.

Abkommen

beschlossen zwischen Baden, Württemberg, Hessen einerseits und Elsaß-Lothringen anderseits.

Gültig vom 1. April 1897 ab.

I.

Vom 1. April 1897 ab werden die Behörden des Großherzogtums Baden[1] und des Reichslandes Elsaß-Lothringen von der ihnen auf Grund des Freizügigkeitsgesetzes und des Gothaer Vertrages zustehenden Befugnis zur Ausweisung hilfsbedürftiger Personen, deren Unterstützung nach den in dieser Hinsicht maßgebenden Bestimmungen dem anderen Staate oder dessen Armenverbänden zur Last fallen würde, keinen Anspruch machen:

a) wenn es sich um Unterstützungsbedürftige handelt, welche zuletzt während mindestens fünf Jahren nach zurückgelegtem 18. Lebensjahre ihren gewöhnlichen Aufenthalt in dem betreffenden — zur Ausweisung befugten — Lande gehabt haben;

b) wenn es sich um Familienangehörige der unter a bezeichneten Personen handelt.

II.

Die Beantwortung der Frage, welche Zeit bei Berechnung der unter I a bezeichneten fünfjährigen Frist in Ansatz zu bringen ist, erfolgt unter entsprechender Anwendung der Bestimmungen in den §§ 11—13 des Unterstützungswohnsitzgesetzes.

Die Gewährung einer öffentlichen Unterstützung hat ein Ruhen der Frist nicht zur Folge.

Der Lauf der Frist wird unterbrochen durch den von der zuständigen Behörde gestellten Antrag auf Übernahme. Die Unterbrechung erfolgt mit dem Tage, an dem dieser Antrag bei der zuständigen Behörde des anderen

---

[1] Württemberg und Hessen sind später beigetreten.

Staates eingegangen ist. Über die Zuständigkeit der Behörden wird wechselseitige Mitteilung stattfinden.

III.

Bei Personen, welche in den letzten fünf Jahren vor dem 1. April 1897 in dem Gebiete des einen Staates aus dem Gebiete des anderen Staates öffentliche Unterstützung erhalten haben, beginnt der Lauf der fünfjährigen Frist erst von dem Zeitpunkte ab, an welchem die Zahlung der Unterstützung eingestellt worden ist. Unterstützungen, welche im Laufe eines Kalenderjahres den Betrag von 20 Mark nicht übersteigen, kommen hierbei nicht in Betracht.

IV.

Für die Beantwortung der Frage, welche Personen im Sinne der Bestimmung unter I b als Familienangehörige zu behandeln sind, werden die in dieser Hinsicht von dem Bundesamt für das Heimatwesen zur Ausführung des Unterstützungswohnsitzgesetzes aufgestellten Grundsätze als maßgebend anerkannt.

V.

Die beiden Regierungen werden dafür Sorge tragen, daß den Personen, deren Ausweisung nach Ziffer I nicht erfolgen soll, während der Dauer der Unterstützungsbedürftigkeit unter Verwendung der etwa vorhandenen Arbeitskraft der unentbehrliche Unterhalt gewährt wird.

Für die hierdurch erwachsenden Aufwendungen soll aus öffentlichen Mitteln der Armenpflege des anderen Landes ein Ersatz nicht beansprucht werden.

VI.

Wenn Personen, welche nach Ziffer I nicht ausgewiesen werden können, aus freier Willensentschließung und ohne behördliche Einwirkung ihren Aufenthalt in das Gebiet des anderen Teiles verlegen, erlischt die unter V. bezeichnete Unterstützungspflicht.

VII.

Dieses Übereinkommen tritt am 1. April 1897 in Kraft; dasselbe kann beiderseits mit sechsmonatlicher Frist auf Ende des Kalenderjahres gekündigt werden. Eine Kündigung vor der Einführung des Unterstützungswohnsitzgesetzes in Elsaß-Lothringen wird jedoch nur dann erfolgen, wenn bei der Handhabung des Übereinkommens erhebliche Mißstände zu Tage treten oder die Mittel zu dessen Durchführung von der Landesvertretung versagt werden sollten.

VIII.

Falls das Übereinkommen vor Einführung des Unterstützungswohnsitzgesetzes in Elsaß-Lothringen außer Kraft gesetzt wird, soll in Bezug auf die Behandlung derjenigen Personen, auf deren Ausweisung für die Dauer der Geltung desselben verzichtet worden ist, ein thunlichst schonendes Verfahren beobachtet werden, insbesondere soll deren Ausweisung wenn immer möglich vermieden werden und jedenfalls nur unter Bewilligung angemessener Fristen stattfinden.

Pierer'sche Hofbuchdruckerei Stephan Geibel & Co. in Altenburg.

Printed by Libri Plureos GmbH
in Hamburg, Germany